자기 서술법

제1회수필미학문학상수상작품집
자기 서술법

초판발행 2020년 1월 7일

지은이 박영란
펴낸이 신지원
펴낸곳 소소담담
등 록 2015년 10월 7일(제345-251002015000021호)
주 소 대구광역시 북구 호국로43길 7-19
전 화 053-953-2112

값 13,000원

ISBN 979-11-88323-36-4 (03810)
ⓒ 박영란 2020

*저자와 출판사의 사전 동의 없는 무단 전재 및 복제를 금합니다.
*이 도서의 국립중앙도서관 출판예정도서목록(CIP)은 서지정보유통
 지원시스템 홈페이지(http://seoji.nl.go.kr)와 국가자료종합목록
 구축시스템(http://kolis-net.nl.go.kr)에서 이용하실 수 있습니다.
 (CIP제어번호 : CIP2019053254)

제1회수필미학문학상수상작품집

자기 서술법

박 영 란 수필선집

소소
담담

■ 머리말

《수필미학》은 2019년 '수필미학문학상'을 제정하였다. 수상자를 선정하여 한 권의 작품집을 제작해 주는 것이 시상 내용이다. 현재 문인으로 활동하는 작가에게 출판 기회를 제공하고 평론가를 통해 그 작품 세계의 우수성을 조망해 알리는 데 목적을 두었다. 한 권의 작품집에는 작가의 문학적 개성과 역량이 배어 있다. 창작에 대한 작가의 열정과 방법이 드러나기도 한다. 한 작가에 대한 온당한 평가가 이루어지려면 적어도 한 권 이상의 작품집을 대상으로 삼아야 한다는 취지에서 출발했다. 수록 작품수는 40~50편 정도로 정하고, 작품집 부문과 선집 부문으로 나누어 공모하였다. 처음 시행하는 낯선 방법인데도 예상외로 많은 사람이 관심을 보였다. 8월 말에 마감하고 심사를 거쳐 《수필미학》 26호(2019년 겨울호)에 수상자를 발표하였다.

박영란의 《자기 서술법》은 '선집 부문'에 선정된 작품집이다. 그의 작품은 "회고적 낭만주의나 계몽적 교술로 기울지 않고 압축의 미학을 일관되게 견지한 점이 돋보인다"라는 평가를 받았다. 이번 수상을 계기로 한층 성숙된 문학 세계를 구축해가리라 믿는다. 이 책 발간을 맡아준 출판사 소소담담 측에 고마움을 전한다.

2019년 12월
《수필미학》

■ 작가의 말

    수필의 지향점은 '미학'이 아닐까. 아름다움을 추구하고, 예술의 가치를 지향하는 수필이 미학에 이른다면 수필은 더 견고한 문학이 되리라. 그래서일까. '수필미학문학상'을 탐했다. 우선 준비해야 했던 것은 이미 출간된 네 권의 수필집에서 작품을 선별하는 일이었다. 마치 오래된 사진을 마주할 때처럼 이십여 년의 시간이 달려들었다. 감정과 사유와 상상력 그 관계들이 육하원칙으로 기억되면서, 부재한 시간이 살아났다. 지나간 것이 다 그러하듯이 애틋하고 소중했다. 특별히 잘 쓴 글도 아주 부끄러운 글도 없는 고만고만한 내 수필의 자화상이었다.

    수필 쓰기는 늘 나의 한계와 경계를 마주하는 일이었다. 그것은 하나의 신념이면서 나 자신에 대한 사랑이었으리라. 조금은 다른 방식으로 살아가는 의지와 갈망이기도 했다.

    '수필미학문학상' 수상자가 되어서 행복하다. 작품집 출판과 작품을 조명받을 기회를 마련해 준 '수필미학'에 감사드린다. 돌아보면 함께 공부하면서 늘 지지하고 격려해 준 에세이부산 글벗들, 이 돈독한 인연이 참으로 소중하고 든든하다. 마지막으로 내 인생의 애물인 수필에게도 감사하다.

2019년 12월
박 영 란

차 례

머리말 4

작가의 말 5

제1부 마음이 머무는 곳

공가空家 13

나를 읽었다 17

너무 시끄러운 고독 21

everything O.K? 26

땀 좀 흘려봐 31

마음이 머무는 것 35

먹는다 39

문門 43

산도르 마라이 46

애자 51

제2부 아버지를 부탁해

Y 여사 시리즈　59

나의 멘토를 찾아서　69

내시경　74

닮음에 대한 아이러니　76

두려움　80

모든 나이는 눈부신 꽃이다　86

블랙박스　91

아버지를 부탁해　95

자기 서술법　99

중고 책　103

제3부 눈길을 걷는 마을

곰팡이 꽃 109
눈먼 자들의 도시 113
눈길을 걷는 마음 117
미몽이었다 121
바람이 데려다 주리 126
신화, 그 재활용 131
어떤 교집합 136
에밀 졸라와 《루공마카르 총서》 141
요즘은 두문불출 148
코르셋 152

제4부 대성당

나오시마 프로젝트　159

나이테　163

네가 하면 나도 하고 싶다　168

누가 묻는다면　173

대성당　177

돈궤와 기러기　182

모름지기　186

주례사 모음　191

혼자 먹는 국밥　196

황산黃山 몽환기　200

【작품론】　203

제1부
마음이 머무는 곳

공가 空家

 내가 살고 있는 동네의 길 건너편에 장막이 쳐졌다. 아주 길고 높은 가림막이다. 그 안에는 쪼르르 달려갔던 은행과 약국이 있었고, 야채와 과일을 팔던 부부가 있었고, 우편물을 부치고 슬그머니 들어가서 즐겨 먹었던 칼국수집이 있었다. 그 뒤편에는 골목을 사이에 두고 오밀조밀 주택들이 차 있었다. 문패를 마주하던 그 집들은 오랜 세월 한동네의 내력을 함께하였다.
 어느 날 이것들은 죄다 '공가'라는 낙인이 찍혔다. 이 빨간 글자는 돌림병처럼 옮아가더니 커다란 상호도 멀쩡한 건물도 하나하나 지워져 갔다. 이들은 결코 누추하지도 병들지도 않았다. 하지만 사람들은 떠나고 집들은 서서히 비어졌다. 사람이 살지 않는 빈집의 문은 동아줄로 묶이고 문짝과 유리창이 먼저 떨어져 나갔다. 집안의 집기들은 뜯기고 망가진 채 뒤죽박죽이 되어버렸다. 의자의 다리는 뽑히고 항아리는 깨어지고, 어느 집 빨랫줄에서는 걷어가지 않은 러닝셔츠가 삭은 채 바람에 날리고 있었다.

봄이 가고 가을이 오면 나무들은 아무렇지도 않게 담 너머로 꽃을 피웠다. 무지한 나무들에서 목련이 피고 빨간 석류알이 맺히고 모과가 열렸다. 그러는 사이 집들은 뭉텅 뭉텅 사라져버렸다. 마치 이빨 자국이 남아 있는 반쯤 먹다 버린 사과처럼 뒹굴고 있었다. 때로는 먹잇감으로 살점이 뜯기고 내장이 터지고 뼈가 부서진 덩치 큰 동물의 잔재처럼 보였다. 이들이 살아 있는 짐승이었다면 이 역병을 피해 어디론가 사라져버렸을 텐데.

가림막 안에서 동네는 날마다 무너지고 있다. 휘장은 볼썽사납고 위험한 현장을 가리고 있다. 하지만 길을 나서면 4차선 도로 앞에서 벌어지는 '재개발'이라는 미명이 나에게는 이상한 통증으로 다가온다. 사라지는 것들이 사람들을 향해 마지막으로 달려드는 애잔함 같은 것에 때론 분노가 인다. 때론 슬프고 때론 외면하고 싶다.

어느 날 부직포의 가림막을 비집고 나와 높이 올라가는 넝쿨을 보았다. 무질서에 아랑곳하지 않고 잎새들은 정확한 간격을 유지하며 싱싱하게 뻗어가고 있었다. 다가가 암막을 헤치고 그 안을 들여다보았다. 잡초는 폐허 속에서 듬성듬성 자라고 있었고, 그 가운데 집 한 채가 보였다. 지게차와 덤프차가 먼지를 일으키며 작업하는 그곳에 파란 슬레이트 지붕의 집 한 채가 오롯이 남아 있었다. 뜯긴 문짝 등으로 주위를 빙둘러 방어막을 쳐 놓은 채였다. 흔히 말하는 '알박기'처럼 보였다. 보상을 더 받아내기 위해 개발을 방해하고 끝까지 버티는 사람이라고, 일각에서는 그렇게 말한다. 하지만 누가 저 사람의 심정과 사정을 알겠는가. 집을 차마 떠날 수 없는 이유와 고집과 그 안타까움을. 우리가 어떻게 감히 알박기라고 말할 수 있을까.

난 한 사람의 인내를 보는 것 같았다. 재개발이라는 다수의 결정에 의해 모두 집을 버리고 떠날 때 자신의 반대 의사를 끝까지 관찰시키는 누군가의 정신을 말이다. 거대한 조직과 집단의 횡포에 맞서, 대한민국은 주거의 자유가 있음을 보여주고 있다. 내 집에서 이대로 살겠다는 의사 표시다. 전쟁터 같은 저 열악한 곳에서 홀로 버티고 있다. 외부와 차단되어 마치 우리 같은 가림막 속에 갇혀 있다. 길 하나를 건너면 휘황한 세상이 펼

처지는 도심에 너무나 엉뚱한 섬 하나로 남아 있다. 그래서 더 경이로웠다. 철책을 감고 올라가는 넝쿨을 볼 때처럼 누군가의 굳건한 용맹을 보는 것 같다.

그 후 종종 그 집을 확인하곤 한다. 많은 위협과 수난을 견디며 오늘도 꿋꿋이 남아 있을까, 하는 안위가 궁금해서다. 가림막 틈으로 파란지붕을 확인할 때면 알 수 없는 안도감과 함께 안타까움이 스쳐간다. 무거운 현실이다. 도시 곳곳에서 벌어지는 내 나라의 현주소다. 주택을 부수고 동네를 없애고 아파트를 짓는 이 재개발이라는 현실. 이 현재진행형은 언제 끝날까. 과거를 지우고 기억을 지우고 오래된 집 울타리 하나 온전히 남아나지 않는 이 자해를! 아파트 지상주의를! 언젠가 우리는 '집'이라는 명사도 버릴 것이다. 작은 뜰이 있고 대문이 있었던 제대로 된 집의 형태는 사라지고 말 것이다. 공가空家는 주택을 야금야금 삼키고 그 자리 아파트의 천국을 만들 것이다.

이런 수난을 지켜보는 집과 나무와 새들이 말을 할 수 있다면, "대체 재개발이 뭐예요?"라고 묻고 싶을 것이다.

나를 읽었다

사진은 대개 상대가 찍어 준다. 내 상대는 주로 남편이고, 내 사진의 대부분은 그가 찍은 것이다. 그 사진들을 보고 있으면 뭔가 부족하고 아쉽다는 생각을 하지 않을 수 없다. 구도가 엉성하거나, 초점이 안 맞거나, 얼굴을 너무 크게 찍거나 아니면 눈을 감고 있다. 2%의 부족이 아니라 20%도 만족할 수 없는 나의 심경을 터뜨리면, "당신 생긴 게 그렇잖아"라고 이죽거릴 땐 약이 오른다. 항상 본전에 못 미친다는, 이 뾰로통한 기분을 그는 알 턱이 없다.

우연한 기회에 사진작가에게 사진을 찍었다. 우선 작가는 '거기 서 봐'라고 명령조로 말하지 않았다. 경치에 빠져 있는 나의 기분을 확 꺾어버리고 작대기처럼 세워두지 않았다. 증명사진을 찍을 때처럼 '턱을 아래로 조금만 당기세요, 고개를 왼쪽으로 약간만 돌리세요'라는 주문도 하지 않았다. 하지만 작가는 "요즘 뭘 하세요? 딸이 있으세요? 딸이 엄마 닮았으면 미인이겠습니다. 팔짱을 끼고 하늘을 한 번 보세요." 이런 예기치 않는 질문들을 던지면서, 그 질문에 답하려는 나의 표정을 찍고 어색한 포즈에 피식 웃는 그런 순간에 셔터를 눌렀다. 작가는 동영상을 찍듯 렌즈를 계속 들이대면서 생각을 던져주고 몸을 자연스럽게 풀어주려 애썼다.

　결코 쉬운 작업은 아니었다. 찍는 자와 찍히는 자와의 대응이었다. 남자의 두 눈이 하나의 초점으로 모아져 렌즈를 통해 내 전신에 집중하는 동안, 나도 사진기를 보며 작가에게 집중해야 했다. 남자의 시선쯤이야 하는 배짱을 부리다가도 급기야는 입가의 입꼬리가 굳어져 경련이 일어나고 이만한 일에 뭐 경련까지, 하면서 긴장과 이완을 몰래 조절해야 했다. 자연스러움을 가장한 내 무의식이 드러나는 것 같았고 작가는 그런 순간을 놓치지 않았다. 보이는 것에서 보이지 않는 것을 찍으려는 노력처럼 내 안에서도 보이고 싶지 않은 생각, 가식, 능청 그런 것들이 알게 모르게 노력하고 있었다. 감정들도 사진에 그대로 전달될 것 같았다. 그렇게 찍는 매 순간의 컷은 마치 나의 불멸의 순간을 저장할 것처럼 진지하였다.

"모델을 하셔도 되겠습니다." 사진작가의 말이었다. 한 번도 상상해 본 적 없는 나의 모습을 그는 커피 한 잔 마시듯 불쑥 던졌다. '내가 너무 뻔뻔했나? 스타일이 괜찮았나?' 뭐 그런 생각들이 순간 스쳐갔지만, 그 말의 진정성 내지 진위는 따위는 필요 없었다. 내 몸 어딘가에 '모델'이라는 그 요상하고 낯설면서도 멋진 일을 할 수 있다는 가능성이, 그것도 사진작가의 눈에 보였다는 것은 아무래도 달짝지근한 말이었다. 며칠 동안 이 말은 뇌리에서 굴러다니더니, 기필코 "내게 모델 소질이 있대." 하고 남편 면전에서 튀어나왔다. "당신이 무슨…. 모델이 무슨 대수라고." 신문에서 눈을 떼지 않고 툭 놓는 남편을 보면서 말의 허영이 무엇이었는지 쓴웃음이 배어나왔다.

얼마 후, 그날 찍은 장면이 많은 영상으로 보내져 왔다. 내가 낯설었다. 이게 나일까 하는 생경한 느낌에 사로잡혔다. 뭐랄까. 아기가 거울을 보고 자신의 얼굴을 인지할 때처럼 갸우뚱해지는 기분이랄까. 내 무의식이 나를 바라보는 듯한 내 얼굴. 사진이 오히려 나를 주시하는 듯했다. 주목하여 보라고, 이것이 너의 모습이라고 이렇게 외치는 사진은 처음이었다.

여자의 얼굴에서 뗄 수 없는 안경은 얼굴의 일부분이 되어버렸다. 검정테 안경이 얼굴을 가로질러 있지만, 이목구비는 별 무리 없이 자리를 잡고 있었다. 그 이미지가 생기발랄하지는 않았지만, 아직은 쇠락하지 않았고 편안해 보였다. 두 눈에는 아직 포기하지 못한 뭔가의 미련이 보이는 듯했다. 하지만 열정은 없어 보였다. 무심하게 웃는 표정에는 순응보다는 고집스러움이 묻어 있었다. 엄마, 아내라는 틀에서 이제는 자연인으로 회귀하려는 듯 보였다. 여자는 '인제는 돌아와 거울 앞에 선' 꽃처럼 보였다. 하지만 여자는 소쩍새처럼 울어본 적이 없었고, 국화꽃을 피우기 위해 무서리를 맞아본 적도 없었다. 그래서인지 뭔가 미진한 여운이 남아 있었다.

사진은 과거와 현재의 정직한 한 시점이다. 너무나 냉혹하고 진실해서 때로는 외면하고 싶은 것이 사진이다. 어떤 배려나 고민의 흔적 없이 있는 그대로를, 아니 숨겨진 가면을 확 벗겨낸다. 마치 정지신호처럼 나를 돌아보게 한다. 내 존재의 풍경이 보여준 이 이상한 낯섦. 그건 내 폐부를 깊숙이 뚫고 들어온 아릿한 상처 같은 것이었다.

사진작가는 사람의 비의悲意를 찾아내는 마법사라고 했던가. 사진작가에게 함부로 사진을 찍을 일이 아니다.

너무 시끄러운 고독

생각해 보라. 아니 이런 남자를 한 번 그려보라.

몸에서 맥주와 오물 냄새가 나도 내 얼굴에 미소가 떠오르는 건, 가방에 책들이 들었기 때문이다. 저녁이면 내가 알지 못하는 나 자신에 대해 일깨워줄 책들….
― 보후밀 흐라발, 《너무 시끄러운 고독》

이 독백은 35년째 압축기로 폐지를 압축하는 한 남자의 중얼거림이다. 폐지는 압축기에 들어가는 책들이다. 이렇게 죽어가는 책들을 건져내어 그 책들에서 '생명의 빛'을 발견해 낼 때 남자는 이렇게도 외쳤다.

> 폐지 더미 속에서 희귀한 책의 등짝이 빛을 뿜어낼 때도 있다. 공장지대를 흐르는 혼탁한 강물 속에서 반짝이는 아름다운 물고기 같달까.
> – 같은 책.

이 남자는 소설 《너무 시끄러운 고독》에 '나'로 등장한다. 한탸라는 이름을 가졌으며 일인칭으로 자기를 고백하는 주인공이다. 압축기가 있는 그의 작업실은 깊은 지하실에 있다. 희미한 전구 하나가 실내를 비추고 그 윗마당에서는 사람들의 발자국 소리가 오고간다. 천장 위로 난 문이 열리면 마치 빛이 들어올 때처럼 포대나 나무상자가 쏟아져 내린다. 하지만 그 안에는 시든 꽃, 핏물 밴 정육점 종이, 못 쓰는 가위나 칼, 커피 찌꺼기…, 온갖 쓰레기와 함께 복제품의 그림들이나 책이 들어있다.

때는 세계2차대전 프라하다. 프로이센의 왕실 도서관과 성이나 저택에서 나온 장서들이 통째로 버려진다. 값을 매길 수 없는 귀중한 가죽 장정의 아름다운 책들이 킬로그램당 1코루나에

팔려지거나 폐지가 된다. 전쟁이 끝난 뒤에는 나치 문학뿐만 아니라 금서들과 함께 수많은 책들이 부대자루에서 쏟아져 내린다. 《파우스트》, 《돈 카를로스》, 《차라투스트라는 이렇게 말했다》…. 이런 책들을 건져낼 때, 한탸는 형언할 수 없는 기쁨과 동시에 책을 도살하는 도살자에 불과한 자신을 발견한다. 하지간 이곳은 그에게는 왕국이다. 종이 더미가 산처럼 쌓여 지하실 천장 문이 막혀버릴 지경인 그곳에 앉아 책을 읽는다.

    수풀 속에 숨은 아담처럼 몸을 잔뜩 움츠린 채. 나는 근사한 문장을 통째로 쪼아 사탕처럼 빨아먹고, 작은 잔에 든 리큐어처럼 홀짝대며 음미한다. 사상이 내 안에 알코올처럼 녹아들 때까지. 문장은 천천히 스며들어 나의 뇌와 심장을 적실 뿐 아니라 혈관 깊숙이 모세혈관까지 비집고 들어온다.

- 같은 책.

    한탸는 술에 젖어 사는 고독한 노인이다. 쥐들과 파리떼가 들끓는 열악한 환경에 산다. 하루종일 소장의 잔소리와 욕설에 시달리지만, 그 밑바닥에서도 활기 넘치는 생각을 하며 지낸다. 독서는 그의 완전한 '러브 스토리'다. 단어나 문장의 아름다움에 끌려 삶에 맞설 수 있는 담담한 힘이 생기고 사고할 수 있는 인간이 된다. 그는 "뜻하지 않게 교양을 쌓게 된 나는 행복이라는 불행을 짊어진 사람이 되었다."라고 고백한다.

어쩌면 책의 저자 보후밀 흐라발(1914~1997)은 바로 한탸 같은 인물이었는지 모른다. 흐라발의 삶은 파란만장했다. 42년 동안 체코를 지배한 공산주의 체제 아래서 감시를 받으며 글을 썼다. 법학을 공부하던 중 나치에 의해 대학은 폐쇄되고, 서기, 창고업, 전보배달부, 제강소 노동자, 철도원, 점원, 보험사 직원, 폐지 꾸리는 인부 등등. 다양한 직업을 전전하면서 쉰의 나이에 첫 소설집 《바닥의 작은 진주》를 발표했다. '체코 소설의 슬픈 왕'이라 불리는 흐라발은 《너무 시끄러운 고독》이 자신의 삶과 작품 전체를 상징하는 책이며, 가장 사랑하는 책이라고 말했다.

흐라발과 한탸는 삶의 위안을 책에서 얻었다. 동시에 책의 숭배자였다. 한 장소와 한 시대에 감금된 철학자였지만, 어떤 상황에서든 책으로 인간적인 아름다움을 잃지 않으려 노력했다. 물론 《너무 시끄러운 고독》에는 현대화된 문명으로 더 노예화된 인간과 사회를 고발하고 있다. 결국 컨베이어 시스템이라는 새로운 작업 방식이 도입되고, 더는 더럽고 냄새나는 폐지 더미 속에서 선물과도 같은 책을 찾을 수 없게 된다. 그런 한탸는 책들과 함께 압축기로 사라진다. 책과 함께 죽음을 선택한 한탸의 죽음은 참으로 괴기하지만.

《너무 시끄러운 고독》에는 한 인간의 섬세한 감정과 사소한 일상이 연민과 함께 따뜻하게 전해진다. 흐라발은 책을 사랑하는 사람의 매력이 무엇인지 살아가는 의미가 무엇인지를 말하고자 했다. 너무 '고독'하지 않고 너무 '시끄럽지' 않은 그 역설적인 삶을.

everything O.K?

　종합건강검진을 위해 집을 나섰다. 엘리베이터에서 6층 남자를 만났다. 불쑥 그와 마주치면 엉거주춤하게 되는 인사. 짧은 목례 사이로 '괜찮습니까', 하는 침묵의 인사가 흐른다. '밥이라도 먹고 나가는 걸까. 옷이라도 제대로 챙겨 입었나' 싶은 마음에 그의 입성을 살짝 엿보는 이상한 인사법. 나만 그럴까. 이웃으로부터 그는 이런 부담스런 시선을 의식할 것이다. 수시로 환기되는 아내의 부재에 대한 난처함. 아내의 존재란 있을 때보다 오히려 없을 때 그 존재가 확인되는지 모른다. 그의 기분은 어떨까. 상처喪妻는 상처傷處 입은 남자임을, 수굿한 그의 등은 그렇게 보인다.

간혹 주차장이나 엘리베이터에서 그런 인사를 하고 돌아서면, 그는 마치 마그리트의 작품에 나오는 그림 속의 남자가 된다. 구름이 뭉실뭉실 떠 있는 하늘을 향해 까만 양복과 중절모를 쓰고 있는 뒷모습의 남자처럼 보인다. 이상하게도 매번 그런 이미지로 오버랩된다. 그에 대한 참으로 유치하고 쓸데없는 호기심이 소설 쓰듯 이어지는 것은 오늘같이 건강검진을 받으러 가는 길 위에서도, 초음파 사진을 찍는 매트 위에서도, 다음 검사로 이어지는 잠시의 공백 사이에서도, '그 남자 집 스토리'는 끈질기게 흘러간다.

최근 그는 상처를 했다. 건장한 체격에 외모만 보아도 기름이 자르르 흐르는 육십 후반의 재력가다. 그의 아내도 그 못지않게 건강해 보였고, 수더분한 부인이었다. 오래된 이웃으로 언제나 반갑게 인사도 하고, 슈퍼에서 만나면 "오늘 뭐 해 먹어?" 하고 물어오는 다정한 형님이었다. "형님도 밥 해 먹는 걱정하세요." 하고 잠시 일상 이야기를 나누었던 여인이 갑작스레 죽었다. 평소 지병도 없었고 조금 피곤해서 병원에 갔더니 큰 병원으로 가라고 했다. 서울로 옮겨져 이틀 만에 참 어이없게 세상을 떠났다. 그 황당한 죽음만큼 여인이 남편 모르게 모은 재산 또한 들리는 풍문만으로도 황당했다.

사람들은 죽음을 애석해하면서도 그녀가 남긴 금융자산이 수십억 원이라는 숫자에 더 많은 관심을 보였다. 가족이 모인 자리에서 딸이 "아빠가 모르는 돈이 엄마한테 좀 있는데요." "얼마나?" "○○억 정도." 묵묵부답 앉아있던 아들이 옆에서 "그것보다는 좀 더 되는 것 같은데…."라고 덧붙였다는 말에, "얼만데!" 하고 남자가 불같이 화를 내며 언성을 높였다는 이야기가 친척을 통해 흘러나왔다. 시각은 가지가지였다. 남자가 복이 터졌다는 둥. 딴 주머니를 그렇게 찼으니 얼마나 배신감을 가지겠느냐는 둥. 여자가 불쌍하다는 둥. 세무조사가 나왔다는 둥. 사람들은 한동안 남의 잿밥에 마른침을 흘리며 둥둥 이야기를 물어 날랐다.

난 일찌감치 남편에게 그런 꿈은 꿈도 꾸지 말라고 일침을 놓았다. 억은커녕 하다못해 몇 백도 모아놓은 자금이 없다고. 남편은 내가 뭐라고 했나 하는 뜬금없는 표정이었지만, 남자들은 한번쯤은 상상하리라. '나에게도 그런 해피, 내지는 해괴한 일이 벌어진다면!' 하는 가정법을. 심장이 멎을 것 같은 그 비현실을 잠시 나래를 펴고 상상해 보리라. 그리고 애매모호한 즐거움을 맛보지 않을까. 그건 몰래 보험을 들어 아내가 죽기를 기다리는 원수 같은 남자만이 하는 생각은 아닐 터이다. 아내가 자신의 수중에 일확천금을 남기고 사라졌다는 사실에 대해 남자들은 과연 어떤 심정이 될까. 그 진실을 어떻게 알겠냐마는, 돈 많은 싱글남의 노후는 정녕 행복할까. 조강지처의 부를 어떤 여자가 대신할까. 종국에는 어떻게 하면 우리도 비자금을 좀 만들 수 있을까 하는 대책 없는 이야기가 슬슬 나올 즈음 여인들은 말문을 닫는다. 이렇게 '~할까, ~될까' 하는 동네의 쑥덕공론이 바람처럼 떠돈다. 그러다 이 남자를 만나게 되는 날이면, 어김없이 생각의 나래가 비상을 하는 것이다.

흉부 X-ray를 찍는 차가운 금속 시트 위에서도 죽은 여자의 모습이 생각났다가, 대기실에 기다리면서도 그 남자 앞으로 하얀 비둘기가 날아가는 마그리트의 그림이 살아났다. 비자금이 없는 나의 무능을 확인하다가, 자금을 만들어볼 가계비를 재구성해 보다가, '나도 주식을 해봐'라는 엉뚱한 곳으로 생각이 튀었다. 수면 위로 던져진 돌멩이 하나가 파문을 일으키듯이, 나의 한심한 생각은 끊겼다가 검진이 이어지고 검진이 끝나면 다시 생각이 이어졌다. 그리고 많은 검사를 마쳤다.

며칠 뒤 검진 결과가 나왔다. 약간의 위염을 제외하면 모든 게 좋다는 의사는 'everything O.K.'라는 사인을 보냈다. 소견을 들으면서 나는 내심 웃음이 나왔다. 만족스런 결과에 대한 흡족한 웃음이 아니라, 그날 내 머릿속에서 일어나고 사라졌던 복잡하고 기이했던 생각 때문이었다. 그 강렬하고 끈질긴 생각들은 어떤 초음파에서도 CT, X-ray상에서도 나타나지 않았다. 만약 나의 두개골을 들여다본다면, 거기에는 이상한 나무 한 그루 자라고 있었을 것이다. 신경망이 퍼져가는 가지마다에 주렁주렁 매달려 있었을 그 무엇들. 여자, 남자, 돈, 돼지, 책, 걱정, 딸, 배고픔, 물… 등등. 고성능의 MRI에서도 잡힐 수 없는 내 기억 속의 시간들. 그리고 그 안에서 일어났던 어지러운 생각과 욕망들. 그런 것들은 전혀 체크되지 않았다. 다행스럽게도.

  집으로 돌아오는 길, 내 안의 또 다른 미노타우로스가 살아났다! 사람의 몸을 하고 소의 머리를 한 괴물이 따로 없다. 끊임없이 온갖 생각으로 뒤죽박죽된 내 머리는 과연 'everything O.K.'일까 의심하지 않을 수 없다.

땀 좀 흘려봐

　한여름의 무더위에 흘러내리는 땀은 끈적하고 찝찝하다. 땀의 본질이 사람의 땀샘에서 분비되는 찝찔한 액체이지만, 100미터를 혼신의 힘을 다해 뛰었을 때 쏟아지는 땀은 사뭇 다르다. 불쾌한 땀과 상쾌한 땀을 '땀'이라고 똑같이 이름할 수 없다. 땀은 다양한 이름을 가지고 있다.
　구슬땀은 새벽이슬을 맞아 풀섶에 맺힌 물방울을 떠올리게 한다. 영롱하고 깨끗한 순수의 결정체, 그것은 식물의 땀이다. 딱이 꼭 노폐물이 아님을 상징하고 있다. 콩밭 매는 아낙네의 베적삼에 땀이 솟고 가슴 사이로 송골송골 맺힌 땀방울 어디에 불순물이 있겠는가. 보석이 아름답고 귀한 것처럼 땀에도 그런 비밀스러움이 있음을 알게 한다. 그러니 찜질방에서 무의미하게 흘리는 땀을 구슬땀이라 하지 말라. 땀을 의식한 땀은 별 의미가 없다. 땀이 구슬을 빌려온 저의가 깜찍하다.

비지땀은 밀도가 있다. 콩을 찧어 짠 찌꺼기가 비지이듯, 인체 구석구석에서 비집고 나오는 다분히 엑기스적인 땀이 비지땀이다. 개미의 움직임이 운명적이듯, 사람도 누구나 주어진 삶에서 부지런히 흘리는 진실된 땀이 여기에 속하지 않을까. 땀 흘려 일해 보지 않는 사람은 인생의 의미를 모르듯이, 비지땀은 '땀'의 가장 상징적 의미를 지닌다. 삶이 고(苦)이듯, 땀이 고생스러움으로 인식되는 것은 당연한 진리인지 모른다.

식은땀은 힘이 없다. 모든 땀이 일단은 역동적이다. 운동과 다이어트의 비결은 땀 빼는 일로 귀결되고, 땀을 빼느라 오늘날 사람들이 들이는 시간과 노력을 생각해 보면, 땀은 결코 만만한 것이 아니다. 의식적으로 표피에 땀을 끌어내려면 그만큼 힘이 들지만, 힘찬 생기와 활력을 얻는다. 땀의 아이러니기도 하다. 그런데 식은땀은 온몸에 스멀스멀 돋는 무의식의 땀이다. 등줄기를 타고 내리는 한 줄기 식은땀은 사람을 무력하게 한다. 몸이 땀을 통해 S·O·S를 보내는 신호처럼 보인다. 뭔가 걱정스러운 땀이다.

진땀은 말할 것이다. 땀의 진수는 '진땀'이라고. 고양이가 쥐를 향해 집중할 때 그 먹잇감이 되는 쥐의 공포스런 땀과 면접을 보는 입사시험의 마지막 관문에서 내심 흘리는 땀을 상상해 보라고. 하긴 진땀은 그야말로 교감신경과 자율신경의 통제를 벗어난 가장 이성적인 상태에서 흘리는 땀이다. 예기치 않는 상황에 직면했을 때 그 긴장이 극에 이를 때, 우리의 몸은 숨통을 틔우는 방법으로 땀을 내보낸다. 이때 사람은 스스로 몹시 애를 쓰고 있다는 걸 땀을 통해 확인한다. 자기애를 느끼게 하는 땀, 이것이 진땀이다.

피땀은 땀에도 등급이 있음을 말한다. 피와 동격이 되는 땀. 그야말로 땀의 한계를 극복한 땀이다. 품질로 치자면 당연 명품이다. 김연아가 세계 피겨스케이팅 정상에 오르기까지는 피땀을 흘린 노력이 있었다. 사람의 땀이 피가 되는 경지에 이르는 것은 '미치지 않으면 미치지 못하는' 불광불급한 일이다. 이렇게 피땀을 흘려 뭔가를 창조하는 인간은 아름답다. 언제보아도 김연아는 아름답고, 에베레스트 설산에 묻힌 동료를 찾아간 엄홍길의 그 피땀도 숭고하다. 땀에도 대단한 자존심이 있음을 보여준다.

구슬땀, 비지땀, 식은땀, 진땀, 피땀…. 이 땀들은 모두 피부의 표피를 뚫고 나온 염분이다. 소금이다. 몸을 담금질하여 스스로 얻는 몸의 방부제다. 삶의 활력이다.

땀 좀 흘려 봐.

마음이 머무는 것

오래된 낡은 가구 하나 집에 왔다. 누군가 쓰다가 팔았고, 국적이 어딘지 어디서 국경을 넘었는지 모를, 분명한 것은 돌고 돌다 나에게 온 것이다. 용도가 분명치 않은 가구는 상처가 많고, 패이고, 나무살을 덧대고, 다시 못질한 자국들이 지나온 만만찮은 흔적을 말하고 있다.

두 짝의 여닫이문을 조심스레 열면 갇혀 있던 나무 냄새가 훅 떨쳐온다. 케케묵은 공기와 송진 냄새로 말문을 트는 가구. 그 안에는 선반 네 개가 간격을 두고 공간을 가로지르고 있다. 아무런 장식과 부피감이 없는 가구는 소담하다. 여기에 무엇을 담건 어디에 두건, 이 오래된 물건은 어떠한 조건도 수용할 수 있는 듯 보인다. 가구에 마음이 가는 것도 이런 편안함 때문인지 모른다.

현관 입구에 신발장으로 두어도 특별할 것 같고, 도록이나 크기가 큰 서적을 보관할 수 있는 책장이 되어도 좋다. 아니면 집에 있는 찻잔이나 오디오와 시디를 넣어 문을 닫아두면 깔끔한 장이 될 것 같다. 그리고 가구와 닮은 낡은 나무 의자 하나 옆에 두면 둘은 멋스런 친구가 될 것이다. 가구는 그런저런 생각을 하게 한다.

난 이상하게도 나무로 만들어진 오래된 물건들이 좋다. 부동했던 나무가 벌목이 되어 책상이 되고 식탁이 되어 한생을 보내면서 닳아져 가는 과정을 보는 것은. 마치 삭아져 가는 나무의 마지막 흔적을 보는 것 같다. 푸르고 빛나던 생명의 마지막이 이처럼 편안하게 느껴지는 것은 나무 말고 또 뭐가 있을까. 우연히 이런 가구들을 만나면, 순간 내 안에서 일어나는 친밀감을 어찌지 못한다. 만지고, 보고 또 보고 그 앞에서 머무는 고요한 순간. 가구와 나 사이에서 일어나는 에로틱한 순간이기도 하다. 매번 사람에게도 '아, 좋다'라는 환희가 일어난다면 그 또한 좋으리라. 하지만 이건 물질에 대한 내 욕망이라 해도 좋다.

새것은 아니지만 이 낡은 장에는 묘한 자존심이 있다. 낡은 퇴물의 느낌보다는 세월과 사람들 속에서 축적된 안정감이 있다. 넘치지도 과하지도 않는 사람에게 끌리듯, 이 소박한 물건에는 그런 세련됨이 있다. 어쩌면 완성된 미는 최정점에 이른 도도하고 완벽한 상태가 아니라, 그 과정이 지나고 약간의 숨이 빠진 듯한 방심한 상태가 아닐까.

골동품을 좋아하는 나에게, '누가 쓰다버린 거 찜찜하지 않느냐'고 하지만, 난 그 찜찜함 속에 숨어 있는 비밀스러움과 상통하는 것을 즐긴다. 그렇다고 단박 사지도 않고, 많이 살 수도 없다. 시간을 두고 몇 날 며칠을 생각하고, 몇 달을 지켜본다. 때론 팔리고 없지 않을까 조바심을 내며 달려가기도 하고 시간을 내어 부러 찾아가서 대면하는 것이다. 나의 남편 될 사람을 만날 때도 이런 부산스러움이 없었던 나의 성격으로 봐서 이건 지극한 일이 분명하다. 때론 너무 주관적인 취향이 아닐까, 너무 빈티 나는 성향이 아닐까, 하고 되묻기도 하지만.

그런 자문과 자숙을 통해 분명해지는 것은 자신이 좋아하는 감각이 무엇인지 확인해보는 것이다. 거기에는 '왜'라는 이유 보다 '그냥'이라고 말할 수밖에 없다. 그냥을 통해 자신을 유추해보는 것도 좋다. 나는 전생에 나무였나? 나는 좀 특이하다. 나는 오래되고 단순한 것을 좋아하는구나…. 뭐 이런 것들을 상상하고 인정하면서 우리집 한구석에 놓인 가구를 물끄러미 보고 있다.

이 응시의 시간이 나만의 사랑이다. 나만의 유희다. 번거로운 일상과 휙휙 사라져 가는 시간 속에서 잠시 자신을 붙들어 놓는 한가함. 거기에는 아무런 목적 없이 바라보는 무심한 즐거움이 있다. 대상이 주는 몰입의 즐거움 같은.

먹는다

먹는 일은 즐겁다. 아니 먹는 생각만 해도 즐겁다. 맛있는 것이 입으로 들어가는 순간 혀에 닿는 미감과 그 맛이 치아에 꼭꼭 씹혀 목구멍으로 넘어가는 과정이 먹는 행복의 전부라 해도 과언이 아니다. 가끔은 먹기 위해 사는지 살기 위해 먹는지, 그런 푸념으로 삶의 고단함을 이야기하기도 하지만. '먹는' 행위는 그 자체만으로도 신성불가침이다. 개도 먹을 때는 건드리지 않는다. 그러나 사람은 더위도 먹고, 우산도 잊어 먹고, 그래서 욕도 얻어먹고, 다시는 잊어 먹지 말아야지 하는 마음도 먹는다. 우리 인간은 잡식성을 넘어선 아무튼 별종이다.

복(伏)날 땀을 뻘뻘 흘리며 이열치열 뜨거운 탕(湯)을 먹는 사람을 본다. 사람이 음식에 보이는 그 집중력은 사뭇 전투적이며 과히 동물적이다. 먹는 본능이 사람이건 동물이건 다 비슷해 보이는 장면이다. 저녁 산책을 하다 팥빙수 집에 들렀다. 한 그릇을 시켜서 얼음과 팥을 섞는 남편의 숟가락과 내 숟가락이 얼음에 사각사각 섞인다. 이마를 맞대고 이렇게 호시탐탐 맛있게 먹었던 게 뭐가 또 있었을까.

'먹는다'라는 제목을 써 놓고 한 편의 수필을 쓰리라 마음먹고 있다. 늘 마음먹은 대로 안 되는 것이 글쓰기이지만 그래도 마음을 고쳐먹는다. 모든 것은 '마음먹기에 달렸다'는 적(的)이 최면술 같은 의지로 사람은 얼마나 많은 마음을 먹는지 모른다. 시도 때도 없이 먹지만 소화불량이나 살찔 염려는 없다. 보이지도 않고 맛도 없는 마음을 요리조리 잘 요리하는 사람은 지혜롭다. 간사한 마음에 먹히지 않고 마음을 끓이지도 않다가 마음먹는 대로 행동하는 자. 마음은 그렇게 홀로 독하게 먹는 것이다.

새해가 되면 나이를 먹는다. 부자도 가난한 사람도 잘난 이도 못난이도 공평하게 한 살을 먹는다. 먹기 싫다고 안 먹겠다고 아무리 생떼를 써도, 빨리 나이를 먹고 싶다고 억지를 써도 더도 덜도 안 준다. 나이를 규정하는 것이 인간의 섭리로 정한 일인지 자연의 이치에 따른 것인지 모호하다. 갈수록 나이를 먹는다는 것은 고래심줄을 삼키는 것 같아 영 구미가 당기지 않는다. 그래도 나이를 잘 먹어야 나잇값을 한다. '나이'의 의미심장함은 결국 나이를 먹어야만 터득하게 되는 것이므로.

추위는 안 먹고 왜 더위만 먹을까. 더위의 항변이다. 태양은 지글거리고 지열은 후끈 달아올라 수은주는 30도에서 내려가지 않는다. 열대야가 계속된다. 확실한 항변답게 더위를 먹인다. 더위를 먹지 않으려고 에어컨을 켜고 피서를 떠난다. 나는 여름이면 밀폐된 공간에서 비 오듯 땀을 흘리며 운동을 한다. 숨이 차오르고 몸에 열기가 달아오를 때쯤이면 더위는 안중에서 사라진다. 더위는 특히 더위를 싫어하고 운동을 싫어하는 자에게 더위를 먹인다. 공짜라면 비상도 먹는다지만 더위는 불량식품이니 먹지 않는 게 좋다.

더위를 먹든, 팥빙수를 먹든, 나이를 먹든, 먹는 행위는 우리 의식이나 몸에 한 겹 더해지는 느낌이다. 그러나 약속을 잊어 먹고, 고지서를 어디에 두었는지 여기저기 찾느라 부산을 떨 때. 외출을 하다가 문득 가스를 끄지 않았다는 생각에 허둥대며 집으로 돌아올 때. 그런 기억의 부재는 우리를 허하게 한다. 술을 자주 마시면 주량이 늘어나듯, 뭔가를 자꾸 잊어 먹는 것도 습관성 중독성이 있다. 그러니 잊어 먹는 것도 다이어트를 해야 한다.

문門

아이가 아빠에게 꾸지람을 듣고 자기 방으로 가면서, '쾅' 하고 문을 닫았다. 문소리는 '당신 집 가정교육은 이렇소' 하고 되돌아왔다. 딸을 부르는 남편의 소리에 문풍지가 파르르 떨렸다. 딸이 떠는 모습 같다.

절에서 우편물이 왔다. '무인년 생전예수재 봉행 안내문'이었다. 예수재는 살면서 쌓은 업장을 닦아 생전에는 보람되고 사후에는 극락왕생을 위한 기도란다. 발 붙여 아등바등 사는 현세에 그래도 종교는 지옥문과 저승문이 있다고 지나가는 바람처럼 일깨워준다.

마음은 조금 긴장되었다. '뭐, 아들 같은 놈들인데' 하고 문을 여니, 교실은 오후의 햇살과 머슴애들의 산만한 열기가 가득했다. 서로 궁금한 눈길이 오가고 호기심으로 잠시 침묵이 흘렀다. 마음의 문을 열기 전 호시탐탐. '청소년 상담 자원봉사' 그 첫날이다.

5월 18일. 동래 향교에서 성인식이 있었다. 하얀 도포에 갓을 쓴 햇 총각들의 뽀송한 얼굴이 수줍고 엄숙했다. 머리에 갓을 씌워주는 것은 어른이 되었다는 자격과 책임을 상징하는 우리의 의식이다. 성년이 된다는 통과의례의 날이다.

야누스는 문을 지키는 신이다. 한 얼굴에 반쪽씩 다른 얼굴을 하고 있는 수문장이다. 들여보내야 할 것과 들이지 말아야 할 것을 책임지는 신. '문門'이라는 한자를 보고 있으면 창을 들고 굳건히 마주선 장수를 떠올린다.

비밀과 보안을 철통같이 하는 연구소다. 그곳을 드나드는 직원과 외부인은 비밀번호, 지문 인식, 얼굴, 걸음걸이를 확인하는 몇 번의 절차를 걸친다. 하지만 그곳을 청소하는 아줌마는 열쇠로 뒷문을 찰칵 연다. 청소를 마친 다음에는 건물 틈새에 열쇠를 끼어두고는 유유히 사라진다. 잊히지 않는 단편영화의 한 장면이다.

산도르 마라이

　너 산도르 마라이 아니? 누군데? 소설가야. 아주 집요하게 글을 잘 쓰는 작간데. 우연히 발견했어. 도서관 서가에 빼곡히 꽂힌 책들 속에서 아무런 정보없이 이 작가의 책을 뽑아든 거지. 마치 해변에 널려있는 자갈들 속에서 그냥 돌 하나를 집어들 때처럼 말이야. 그래도 뭔가 이유가 있었겠지. 표지가 근사했든지, 제목에 호감이 갔는지, 아니면 약력을 보고 끌렸든지. 무심히 집어든 돌멩이 하나라도 그 순간 뭔가 당기는게 있잖아. 글쎄…. 책 제목 때문이었는지 몰라.《열정》이라고 쓴 붉은 글씨체가 내 신경을 콕 찔렀던 것 같아. 아님 열정없는 내 무의식이 작용했는지.

 '열정'이라는 게 뭘까? 소설은 어떤 열정을 이야기하고 있을까? 새삼 그런 생각이 들어 책날개에 적힌 작가의 이력을 봤지. 망명한 헝가리 작가였어. 기억하기로는 내가 헝가리 작가를 만나기는 처음이었어. 그래 재밌었니? 무슨 열정이었어? 사랑의 열정? 삶에 대한 열정? 자기 계발서? 다 아니야.

 한 노인이 오로지 한 친구를 기다리면서 평생을 보냈어. 서로 약속은 없었지만, 한 번은 오리라는 확신을 가지고 있었지. 결국 어느 날 그 친구가 찾아오는 시점이 소설의 시작이야. 백발이 된 두 노인이 서재에 앉아 지난 이야기를 담담히 주고받는 게 이 소설의 흐름이지. 내용은 아주 간단해. 주인공 남자는 귀족이었고 친구는 평민이었어. 형편이 다른 친구에게 어릴 적부터 많은 도움을 주면서 함께 성장했어. 청년이 되어 군대에 가서도 함께 기거하는 둘도 없는 단짝이었지. 그런 친구가 자신의 아내와 오랫동안 불륜을 저질렀어. 심지어 사냥터에서는 친구의 목숨을 노리고 총구를 겨누는 일까지 있었지. 그리고는 말 한마디도 남기지 않고 감쪽같이 저 열대 나라로 가버린 거야.

 오랜 세월 동안 그 배신과 상처를 삭여 온 남자가 독백처럼 이야기를 풀어가. 밋밋할 것 같은 플롯이지만. 현재와 과거가 교차하는 글의 문체가 아주 매혹적이야. 또 흥미로운 것은 한 남자가 아주 저음으로 그 섬세한 문장을 이야기하듯 들려주는 느낌을 주지. 거침없이 책을 다 읽고 덮는 순간 공황상태에 빠지는 듯한 묘한 기분이 들더군. 책이 말하고자 하는 '열정'이 뭔지 딱 떠오르지는 않았지만, 그냥 가슴이 먹먹해지는 여운 같은 것이 있었지. 단 하나의 진실. 그러니까 사냥터에서 자신 몰래 자신을 겨냥하는 것을 목격하는 순간, 총부리를 살짝 다른 곳으로 돌려 방아쇠를 당긴 그 사건에 대해 확인하고 싶었던 거야. 자신이 잘못 본 착각이었는지. 아니면 그것이 그동안 우정을 나누었던 친구의 참모습이었는지. 인간 존재에 대한 그 진실을 바닥까지 파헤쳐 보려는 주인공의 집념과 기다린 세월이 이 책이 말하려는 '열정'이었지 몰라. 암튼 작가의 내밀한 열정 없이는 이런 소설을 절대 쓸 수 없다는 것만은 확실해.

  산도르 마라이라는 작가가 무척 맘에 들었구나. 그래. 소설가들은 좋은 책을 만나면 필사도 한다는데 말이야. 내 게으름으로 그게 가당키나 한 일이니. 그런 열정이라도 있으면 얼마나 좋겠어? 우리 나이에 '열정'이 별거니. 그렇게 책이라도 빌려 읽는 열정이면 되지 않니? 그래? 고마워. 그리고 잊고 있었어. 그 작가도 책도. 근데 우연한 장소에서 강의를 듣다가 〈소금과 후추〉라는 산도르 마라이의 산문 일부가 자막으로 흐르는 거야. 음악과 함께. 그의 책《하늘과 땅》에 실린 작품인데, 마흔과 쉰 살 사이의 십 년을 '후추와 소름'이라는- 그런 내용의 짧은 글이 그냥 흘러가는 거야. 그날 수업은 그것만으로도 감동이었어. 누군가와 그 작가를 함께 공유했다는 기분이 참 좋았거든. 그리고 산도르 마라이를 다시 상기하면서 검색을 해보았어.

그 책은 온라인 서점에선 모두 절판이더군. 많은 저서가 있었지만,《결혼의 변화》를 주문해 지금 읽고 있는데. 그는 확실히 글을 잘 쓰는 작가야. 지나치게 문체의 아름다움에 치중하는 작가도 아니고, 내면과 자의식에만 몰입하는 작가도 아니야. 이야기 속에서 이 둘을 균형있게 풀어가지. 자의식이 강한 작가의 예술성이 무척 고급스럽게 느껴졌어. 작가들은 다양한 주제로 글을 쓰지만 그 사람의 뿌리에서 올라오는 철학과 사유는 결국 모든 작품에서 전해지잖아. 결론은, 작가와 너의 코드가 잘 맞는다는 이야기구나. 그래, 요즘은 한 작가가 맘에 들면 그 작가의 책만 탐독하는 버릇이 생겼어. 이것도 이상한 집착이겠지. 하지만 그건 네가 글에 대한 이상향을 찾고 있다는 반증 아니겠니.

《결혼의 변화》도 읽을 만해? 다 읽지는 못했지만 지금 같은 장마철에 읽기에는 좀 눅눅한 이야기야. 사랑과 증오, 결혼과 이혼, 기대와 절망, 그런 내용이 한 편의 긴 서사시처럼 응축되어 있어. 결국 삶과 사랑과 존재의 문제를 성찰해 가는 이야기지.

뭐, 빌려 달라고? 난 책 빌려주는 거 별로 좋아하지 않거든. 사서 봐.

애자

 '애자'는 애 끓이는 자식의 줄임말이 아니다. 얼마 전 상영된 영화 제목도 아니다. 부모님을 여의고 자신을 그렇게 일컫는 말은 더더욱 아니다. '첼로 XT'라는 이름을 가진, 그러니까 애지중지 여기는 나의 자전거를 나는 그렇게 부른다. 애자라고.
 애자는 집 밖 아니면, 늘 집 안에 있다. 강아지를 키우는 사람이 집 안 한 곳에 개집을 모셔두듯, 우리집 거실 한 모퉁이에는 애자의 자리가 있다. 물론 도난에 대한 염려일 수도 있지만, 애자에 대한 나의 배려이기도 하다. 오다가다 손 가는 대로 쓰윽 한 번 만지게 되는 애장품처럼 한자리를 차지하고 있어도 성가

시지 않다.

　많은 자전거 중에서 애자는 내 눈에 딱 띄었다. 사람에게도 인상이 있듯, 자전거도 풍기는 느낌이 있었다. 한마디로 중후했다. 탄탄한 바퀴와 골격이 되는 자전거의 프레임은 가늘지도 굵지도 않는 크기였고, 무광의 은회색은 멋스러웠다. 좋은 재질에서 느껴지는 무게감과 안정감으로 자전거는 아주 당당해 보였다. 어떤 트집도 잡을 수 없는 자전거는 소재가 티타늄으로 산악자전거용이었다.

　처음 자전거를 산다고 했을 때, 남편은 좋은 것을 사라고 했다. 하지만 '좋은 것'에 대한 생각은 서로 달랐다. 《좋은 생각》이라는 책에 실린 좋은 생각도 여러 종류가 있듯이, 때론 엉뚱한 장소에서 난처하게 그 다른 생각이 드러났다. 마치 좋아하는 장난감을 골라놓고 사달라고 눈치보고 떼쓰는 아이처럼 나는 '꼭 사겠다'는 의지를 보였다. 의지와의 충돌. 난감해하는 남자와 뭔가를 고집하는 여자. 친척들이 모인 자리에서 애들 사촌끼리 하는 말이 들렸다.

　"글쎄, 우리 회사 부장이 자전거를 타는데 그 자전거 값이 몇백만 원이라네 미쳤지."

　"누나, 우리 엄마 자전거도 그 정도 하는데."

"어, 작은 엄마 멋지다!"

그 재빠른 반전을 옆에서 듣고 있자니 객관적으로 난 미치고 멋진 여자였다.

'미치고 멋진 여자'의 자전거 타기. 사실 자전거 안장에도 못 올라갔던 여자는 어느 날 결심했다. 경부선 KTX를 타고 가다가 구포에서부터 밀양역까지 이어지는 긴 포구에 자전거가 달리는 길이 끝없이 이어지고 있음을 보았다. 강물이 돌아가는 수면에는 산 그림자가 어른거리고 수면과 맞닿는 아스라한 들녘 사이로 자전거가 달리는 풍경은 실로 가슴 뛰게 했다. 달려보고 싶은 그 무엇이 용솟음쳤는지, 저 아름다운 풍경 속으로 사라지고 싶었다. '아, 나도 저 길을 달려가 보리라' 다짐했다. 험난한 바위를 타면서 긴 백두대간 종주도 했는데 저 길쯤이야 하고 생각했다.

생각은 물꼬를 트는 법. 여자는 자전거를 배웠다. 의외로 빠른 결단을 대견스러워하며, '뭘 배울 게 있다고 자전거를 배워' 하는 남편의 비아냥거림을 무시하며 열심히 배웠다. 자전거의 안전수칙, 페달을 밟고 안장에 앉는 법, 회전, 경사길, 내리막을 내려가는 방법 등을 익혔다. 그야말로 세발자전거를 처음 타는 아이처럼 신나게 즐겁게 배웠다. 초급 중급 두 달의 기본 과정을 마쳤을 때 20명의 수강생 중 2명이 남았다. 여자는 자전거를 잘 타고 운동신경이 좋다는 평을 들었다. 기분이 좋았다.

새로운 열정이 있다는 것, 아직 갖고 싶은 간절한 무엇이 있다는 것, 미치거나 미친 짓을 할 수 있다는 것 – 여자는 자전거를 통해 그럴 수 있는 자신을 확인했다. 그건 새로운 기능을 하나 터득하는 것인 만큼 큰 희열이었다. 선택할 수 있고, 실천할 용기가 있고, 만용을 부릴 수 있는 그 자신감이 좋았다. 일찍이 모르고 있었던 내면의 자부심 같은 것들이 자전거를 타고 있으면 살아났다. 여자는 씩씩한 아니무스를 발견한다.

하지만 자전거 타기는 그렇게 만만한 일은 아니다. 모든 것에 무디어져 가고 두 발을 땅에 디디고 다녀도 뒤뚱뒤뚱 무게중심이 흔들리는 나이에 땅에서 발을 떼기란 실로 두렵다. 넘어질까 봐, 다칠까 봐. 하지만 땅에 발을 디뎌온 인간의 오랜 습성과 친숙함을 깨고 자전거 안장에 오르면, 딱 한 뼘만큼 높아진 시야로 세상을 보게 된다. 조금 높아진 시선으로 바람을 가르며 자전거와 한몸이 되어 내달릴 때는 묘한 전율이 솟구친다. 분출하지 못한 무거운 기운과 잡다한 생각들이 몸과 마음에서 휙휙 떨어져 나가는, 가슴이 뻥 뚫린 듯한 기분 전환을 맛본다. 그러면 왠지 자전거의 바퀴처럼 내가 둥글어져 가는 느낌이 좋다.

이른 아침 자전거를 탄다. 더위에 잠을 설친 사람들이 헐렁한 차림으로 천변에 모여 있다. 걷는 사람, 뛰는 사람, 운동기구로 운동하는 사람, 자전거 타는 사람. 천변 양편으로 핀 찔레꽃, 붓꽃, 무궁화꽃들도 사람처럼 따로따로 무리지어 있다. 그 사이를 뚫고 온천천을 지나 수영강변을 지나 광안리 바닷가로 내달린다. 허벅지에서 무릎으로 뻗친 힘이 페달을 밟고 페달은 자전거의 바퀴를 둥글게 굴리며 앞으로 나아간다. 바다는 윤슬로 빛나고 그 곁을 자전거는 공기의 흐름을 뚫고 자유롭게 달려간다. 그 모든 것은 내 호흡과 일치한다. 잠시의 균형과 집중이 깨어지면, 부드럽게 달리던 자전거도 한 치의 용납을 허(許)하지 않는다. '꽈당' 하고 일격을 가해 온다. 자전거가 얼마나 예민한 물건인지 모른다면, 큰코다친다. 아무쪼록 방심은 금물이다.

넘어져 팔다리를 갈고 멍이 들지만, 사람들에게 말한다. 자전거를 타보라고. 자전거가 주는 기쁨과 효능을 늘어놓지만, 사람들은 들은 척도 안 한다. 위험하다고, 좋으면 혼자 타라는 반응이다. 그래도 자전거 무료 강습하는 곳, 안전하게 타는 곳 등을 종알거려도 말발이 안 선다. 하지만 뭐, 말발이 안서는 대신 내 허벅지에는 힘이 오르고 있다.

아무쪼록 나의 애자여! 내가 호호 할머니가 되어서도 너의 안장 위에서 자전거를 타는 나의 그림자를 볼 수 있게 해다오. 이어폰에서 나오는 〈킬리만자로의 표범〉을 들으며 저 눈부신 바다를 향해 달려갈 수 있게 해다오.

제2부
아버지를 부탁해

Y 여사 시리즈

Y 여사 어느 봄날

Y 여사 도서관에 간다. 뭐 늦깎이 꿈이 생긴 것도 아니다. 책 한 권이라도 엉덩이 지긋이 붙이고 제대로 읽자는 게 그 발로였다. 낮에 집에 있으면 '아픈 년, 돈 없는 년, 성질 나쁜 년'이라는 이상한 풍문도 있지만, 집은 모든 산만과 졸음과 나태의 온상이다. 집을 탈출하기. 그 순간은 약간의 용기가 필요하다.

Y 여사 청바지에 티셔츠와 운동화를 신었다. 반납할 책과 노트북을 넣은 가방은 꽤나 무겁다. 경사진 길은 계속 오르막으

로 치닫는다. '도서관'이 자리 잡고 있는 곳은 하나같이 교통이 불편하거나 외진 곳에 쳐박혀 있는지 알다가도 모를 일이다. 슬 짜증이 돋는다. 도서관이 무슨 유배지인가!

하지만 Y 여사 도서관에 다다르면 즐겁다. 입구에 발을 들여 놓는 순간 세상의 흐름과 단절된 공기가 좋다. 모든 소란으로부터 보호되는 곳. 그곳에 온 모든 사람이 '조용히' 하려고 노력하는 곳. 서로가 가벼운 긴장감으로 책에 몰두하는 곳이다. 사실 Y 여사 그 호흡에 몸을 맞추자면 힘이 든다. 딱딱한 의자에 몇 시간 앉아 있으면 주리가 틀리고 '이 무슨 고생'하는 자조가 튀어 나온다. 찜질방에 누워 허리나 지져야 할 나이에 웬 도서관이냐구? 그렇게 구시렁거리며 Y 여사 2층 열람실을 오른다. 복도 벽에는 도서관에서 주최하는 행사 광고물이 붙어 있다. 컴퓨터 교실, 어린이를 위한 독서프로그램, 영화상영표 등등. 오늘 상영하는 영화는 〈냉정과 열정 사이〉다.

오! 예. Y 여사 조용히 쾌재를 지른다. 보고 싶었던 영화를 난데없는 곳에서 난데없이 보는 기쁨. 기회를 놓칠 수 없다. 책 보러 도서관에 와서 영화를 본다고 해서 양심 운운할 처지도 아니다. Y 여사 갑작스런 신바람에 엉덩이가 들썩거려 일찌감치 시청각실로 간다.

시청각실은 작은 영화관처럼 아늑하다. 상영을 기다리며 통째로 홀로 앉아 있는 Y 여사 기분이 좋다. 자신만을 위해 존재하는 듯한 공간에 갇혀 있는 느낌이다. 밀폐의 자유다! 모든 것을 배제하고 차단했을 때 오롯이 마주할 수 있는 것, 거기에는 내면이 있다. 외면을 닫고 자신을 직시하는 지금이야말로 진정한 자유의 순간인지 모른다. 숲속을 걸을 때 고요한 정적에 휩싸일 때처럼 이 안온한 상태가 자유롭다. 잠시 그런 생각을 할 대 사방의 스피커에서 바흐의 무반주 첼로 연주가 흘러나온다. 영화의 OST는 강한 선율과 저음이 반복되면서 첼로의 깊고 투명한 저음이 온몸을 감싸온다. 무척 감동적이다.

화면에는 피렌체 '두오모 성당'의 우아한 돔이 나타난다. 아름다운 도시의 지붕 위로 종소리가 울려 퍼지고 피렌체 골목 사이를 자전거를 타고 달리는 '준세이'가 나타난다. 그리고 마침 가까운 한 성당에서 친구의 결혼식을 마치고 나온 '아오이'가 무심결에 그 준세이를 발견한다. 아오이는 반가움과 놀라움이 가득한 얼굴을 한 채 금방 사라지고 없는 준세이 쪽을 멍하니 바라보고 있다. 영화의 주인공 남녀가 보여주는 첫 장면이다.

준세이는 중세 회화 복원사로 피렌체에서 일하고, 아오이는 밀라노에 있다. 일본에서 그들은 열정적인 사이였지만, 현재 그들은 냉정 상태에 놓여 있다. 그런데 우연히도 둘은 이탈리아에 살고 있다. 골목의 '미로'와 자전거 바퀴의 원은 아날로그적인 시간의 상징을 보여준다. 반면 일본과 피렌체 그리고 밀라노는 각각의 공간이다. 일본은 과거를 상징하고, 피렌체 두오모 성당은 '여인들의 성지'로 미래를 암시한다. 하지만 밀라노는 아오이가 새로운 선택과 출발을 해야 하는 지점이다.

영화는 과거와 현재, 10대의 열정과 30대의 냉정 사이를 잘 유지한다. 준세이가 훼손된 중세 그림을 인내와 노력으로 그랬듯이, 잃어버린 사랑도 그렇게 복원해 간다. 냉정에서 다시 열정으로 가는 기억을 복원하고, 감정을 복원하고, 시간을 복원해 가는 과정이다. 회상과 아름다운 피렌체를 배경으로 아슬아슬한 감정이 교차하는 잘 짜인 구성이다.

Y 여사 해피엔딩의 로맨스를 보면서 애틋한 뭔가가 가슴을 저민다. 애정이 가득 담긴 여인들의 시선을 보면서 Y 여사 알 수 없는 서글픈 감정에 빠진다. 영화와는 상관없이 자신으로 돌아온다. 옛사랑을 생각하는 걸까. 아니, 생각할 특별한(?) 사랑조차 없다는 사실이 Y 여사 우울하다. 남편은 왜 가슴 두근거리며 마음 설레는 대상이 되지 못할까. 가슴 찡한 연애 한번 하지 못했다는 생뚱맞은 아쉬움이 치밀어 오르는 것이다. 늘 망

설이면서 경계에 서 있던 지나간 시간을 영화를 보는 이 순간 왜 후회하는지. 참 주책이서.

도서관을 나선다. 세상은 만개한 벚꽃으로 화사하고 눈부시다. 햇빛 속으로 쏟아져 내리는 꽃비를 맞으며 걷는다. Y 여사 가슴은 환한 무엇으로 채워지면서 동시에 알 수 없는 슬픔이 고인다. 저 몽롱한 아름다움과 무상! 벚꽃의 현란한 몸짓과 언어들. 그것이 왜 애상으로 오는지. 씁쓰레하다. 아! 저렇게 화사하고 자유로운 시절은 언제였는지 그 시절은 언제 가버렸는지…. Y 여사 또 의기소침해진다. 비슷한 감정의 테이프가 반복된다. 벌써 자신에 대해 연민을 느끼는 것일까. 안타까운 것은 저 분홍꽃잎처럼 풋풋한 젊음도 뜨거운 감정도 이제는 복원될 수 없다는 것이다. 그 발견이 왜 이리 참담한지. 바야흐로 Y 여사, 인생의 환절기다.

아! 봄날은 갔다.

Y 여사의 심란 바이러스 증후군

"엄마, 나 정확하게 몇 시에 낳았어?"

"왜? 너 지금 뭐하니?"

전화로 물어온 딸의 생뚱맞은 소리를 듣다가 Y 여사 직감적으로 마음 가는 곳이 있다. 그래 너도 네 인생이 궁금한 나이가 되었구나 하는 생각도 들지만, Y 여사 은근히 부아가 치민다. 이 파릇한 봄날 점집이라니!

"엄마, 나 친구랑 사주 카페 왔거든. 한 번 보려고. 재미있잖아."

"얘, 그럼 내 것도 좀 봐줘."

Y 여사 무슨 생각할 틈도 없이 뛰어나온 소리에 수화기 저편에서는 '우리 엄마 것도 보래' 하는 목소리와 동시에 폭소가 터진다. Y 여사 어이없는 감정 노출에 순간 체면이 망가진다.

Y 여사 '방이 없다'라는 사건 이후 우울함에 빠졌다. 우물에 빠진 것처럼 아득하고 착잡한 심정이다. 방이 없다는 인식은 오래 숨어있던 '자아'를 눈뜨게 했다. 심봉사 눈을 떠 세상을 만나듯, 엄마, 아내, 며느리 그런 입장들이 깨어지고 Y라는 자신의 정체성을 생각해본다. 자발성, 자유, 가치, 존재감…, 뭐 이런 어려운 것들이 불쑥불쑥 가슴과 머리에서 저항을 일으킨다. 결혼과 동시에 '접근 금지'였던 사유들이 이제야 '지금 근접'이라고 파란 신호를 깜박이는 것 같다. '인생 오십에 바다가 보인다'라

던 연극의 한 독백처럼 Y 여사 돋보기로 세상을 볼 때쯤 비로소 자신의 문제가 보이는 것일까.

'문제'는 보기에 따라 문제가 될 수도 있고 아니 될 수도 있다. 살아가면서 부딪치는 수많은 인간사의 문제는 답이 없다는데 딜레마가 있다. 그러나 Y 여사 이번만은 고민, 걱정, 화남, 미움…, 그 뒤척이는 감정들을 한번 뒤집어엎고 싶은 욕구가 쉬 가라앉지 않는다. 참고 있는 상태는 우울과 분노와 들뜸, 그런 바이러스를 동반하고 있는 것일까. Y 여사 고열이 나고 답답하면서 심란스럽다. 차라리 유행하고 있는 '신종 플루'라면 나라까지 나서서 특별 관리를 하겠지만, Y 여사의 심란 바이러스 증후군은 함께 사는 가족도 모르쇠로 일관한다.

그래서 '심란 바이러스 증후군'은 거의 자가 치료에 들어간다. 마음을 자극하면서 괴롭히는 심란증. 이 바이러스는 신경계를 교란시키는 독성이 있지만, 아직 백신은 개발되지 않았다. 증세에 따라 대개 시간이 지나면 자연 치유로 끝나지만, 때로는 각자 취향에 맞는 방편을 가지고 있다. 수다로 풀거나, 두문불출 혼자 삭히거나, 카드를 내질러 버리거나 아니면 점집 같은 곳을 찾아 기분 전환을 한다. 아이들 대학입시 때 두어 번 간 이후 찾지 않던 점집에 요즘 들어 Y 여사 관심이 쏠리고 있는 터였다.

무슨 위안이라도 얻겠다고.

　점집은 내시경으로 마음을 한 번 훑고 나오는 곳이랄까. 과거, 현재, 미래를 종횡무진하면서 어느 한 시절의 종양 같은 사건을 찾아내어 마음을 읽어주면, 문득 자신의 신화를 듣고 있는 듯하다. 그 이야기에 몰입하고 나면 답답한 가슴에 한줄기 바람이 통과하는 것 같다. 몰래 다녀와 시침을 떼고 있어도 유죄가 안 되는 곳, 그래서 여자들은 심심풀이 땅콩처럼 점집에 발걸음을 하는지 모른다.

"얘, 뭐라든."

Y 여사 조급증이 인다.

"적으세요."

딸은 엄마의 사주를 리포트로 작성했는지 읽어간다.

"엄마, 처녀 때 엄청 미인이었다며? 따라다니는 남자도 많았다던데."

"얘, 넌 그걸 꼭 들어서 아니, 척하면 몰라."

　시답지 않는 소리일망정 Y 여사 싫지는 않다. 딸에게 엄마도 그런 꽃다운 청춘이 있었음을 확인시켜 주는 것 같아 괜히 우쭐해진다. 암튼 시작이 좋다.

"엄마는 여장부 스타일이래. 안에 많은 에너지를 가지고 있지만, 많이 누르고 산데. 디자인 일을 한다면 대성한다나. 그러면서 지금 무슨 일을 하느냐고 물었어."

"여장부는 무슨! '백조'도 몰라."

Y 여사 자신은 재능도 배포도 소심해서 평생 소시민로 만족하며 사는데, '여장부'라니. 문득 그것이 잃어버린 자아였을까 싶은 생각에 씁쓰레한 미소가 번진다.

"엄마 사주에는 돈이 무지 많데. 엄마 보고 뭘 자꾸 하라던대."

"얘, 다 쓸데없는 소리다, 너희 엄마 산 거 보면 몰라."

Y 여사 사주에 돈이 많다는 소리를 심심찮게 들었지만, 공염불인지 그 실체가 체감되지는 않는다. '돈', 돈이야말로 독립과 자립심을 쟁취하는 공신이 된다는 걸 Y 여사 요즘 뼈저리게 인식하고 있다. '돈을 벌어봐'라는 오기가 발동하다가도 '이 나이에 뭘~' 하면서 슬그머니 오기를 놓아버리곤 했다. 돈 버는 일이 오기로 되는 것도 아니고 뭘 해야 할지 생각만 해도 막연하고 고생스럽다. 새삼스럽게 '엄마보고 뭘 하래'라는 주문에 걸려 밤새 모래성을 쌓고 허물기를 수차례 잠을 뒤척인다. Y 여사의 심란 바이러스 증후군은 바야흐로 우울에서 희망으로 가고 있다. 암튼 복채 값이다.

토막잠 사이로 Y 여사 여러 모습이 겹친다. 짙은 화장을 하고 바쁘게 사라지는 복부인 모습도 보이고, 앞치마를 두르고 비지땀을 흘리며 여기저기 쟁반 나르는 모습도 보인다.

'뭘 하지, 뭘 하지….' Y 여사 잠꼬대에 놀란 남편, 정곡을 찌른다.

"뭘 하긴 빨리 일어나 밥 줘."

나의 멘토를 찾아서

나는 평범하다. 너무 평범해서 왜 이렇게 평범할까 들여다보면 뭘 잘하거나 특별한 게 없다. 만약 나의 성장기 때 '멘토'가 있었다면, 지금 나는 다른 사람이 되었을까. 건강하게 살아왔지만, 돌아보면 뚜렷한 인생 길잡이가 없었다. 이런 나에게 누가 물었다. 나의 멘토에 대해서.

오디세우스가 트로이 전쟁을 떠나면서 자신이 가장 신뢰하는 친구, 멘토에게 자신의 아들을 맡겼다. 멘토는 십 년 동안 아이에게 좋은 부모이자 스승이며 친구가 되어 돌보아 주었다. 이것이 'mentor'의 어원이 되었고, 우리말에 '인생 길잡이, 인생 도우

미'와 같은 의미로 쓰인다.

 '스승'보다 '멘토'의 어감은 왠지 더 젊고 친근하다. 스승과 부모님은 일방적으로 도움을 주고 존경을 받는 수직 관계라면 멘토는 권위보다는 수평적인 느낌이다. 대학생이 저소득층 아이들을 가르치면서 선생과 형님이 되어주고, 이웃집 아줌마가 베트남에서 온 새댁에게 김치와 우리의 문화를 가르쳐 주는 살가운 관계도 멘토다. 서로 교감하면서 감동과 기쁨을 나누고 사람들을 변화시키는 이 세상의 모든 것은 멘토이지 않을까. 멘토는 다양성을 추구하는 이 시대에 새롭게 태어난 언어처럼 보인다. 신선한 느낌을 주는 언어의 재발견이다.

 가족에게 나의 멘토에 대해 물어보았다. 대답을 기대하지 않는 그냥 던져본 우문이었다. 나도 모르는 멘토를 어떻게 알까, 하는 심정으로. 그런데 정답을 말하듯, 분명한 답이 돌아왔다. '나, 남편이지 않느냐'는 당연한 어투로. 예기치 않는 그 발언에 순간 표정관리가 되지 않아 잠시 어색했다. 나의 멘토가 되는 이유를 말해보라고 했다. 어색함을 깨고 서로의 시야를 한번 확인하고 싶었다. 우물쭈물하면서 말이 없었다. 말은 없었지만 뭔가 말하고 싶은, 그러면서 그런 걸 꼭 말로 해야 하느냐는 표정이었다. 사실 그가 가진 많은 장점에 대해 늘 감사하는 마음이지만, 글쎄?

딸은 자신이 엄마의 멘토라고 끼어들었다. 옆에 없는 아들도 어디선가 자신이 멘토라며 씩 웃을 것 같은 분위기였다. 내가 없으면 모든 생활이 뒤죽박죽이 될 이들이 나의 멘토임을 자처하고 나서는 이 엉뚱한 발상들! 이런 걸 한 지붕 밑의 동상이몽이라고 하는지 모르겠다.

딸은 의외로 당당하게 그 이유를 밝혔다. 엄마가 책 읽고 글 쓰는 시간을 만들어 준 장본인이라는 것이다. 웬 생뚱맞은 소린가 했더니. 자신이 글쓰기 학원에 다니면서, '엄마, 글 쓰니까 너무 행복하다. 우리 학원에는 어머니 글쓰기 반도 있으니 엄마도 꼭 다녀'라고 자신이 우겼던 그 옛날의 깜찍했던 일을 기억해 낸다. 하긴 그렇다. 그 꾐에 빠져 무모하게 글쓰기를 시작하여 지금까지 그 족쇄에서 행복 반, 자괴감 반으로 시간을 보내고 있는 것은 다름 아닌 딸 탓이다. 언젠가는 나도 잘하리라는 막연한 꿈 하나 여태 가지고 있으니, 딸의 그 맹랑한 멘트가 우직한 나의 멘토가 될 줄은 몰랐다.

읽기와 쓰기는 나의 재충전이다. 자동차에 기름이 떨어지면 주유를 해서 달려가듯, 이 둘은 기쁨과 자유, 새로움으로 나를 이끌어 가는 동력이 된다. 굳어져 가는 감성과 지식을 보충해

주는 자아 발전기 같은 것이다. 순간순간 자극과 감동을 주는 활자를 만나면 스스로 큰 위안을 받는다. 내 안에서 일어나는 온갖 느낌들이 충돌하고 상쇄하면서 얻는 새로운 기운들이 나의 멘토인 셈이다.

부처님은 '스스로를 의지처로 삼아라' 하셨다. 내가 좋아하는 말이다. 부처, 당신에게 의지하지 말고 각자 자신이 책임지라는 참으로 무서운 법문이다. 살아가는 모든 원인과 결과가 신의 뜻이 아니라 '내 탓'이라는 명제 앞에 서면 왠지 두려움과 함께 힘이 난다. 자력의 힘인지 모른다. 생각해 보면 부처는 이 세상의 멘토, 신神임을 거부하셨다. 인간, 너 스스로 노력하여 부처가 되고 멘토가 되라고 하신 것이다. 그래서 부처는 신보다 더 인간적이다.

딸들은 대체로 엄마처럼 살지 않겠다는 호기로 사춘기를 보내고 성장하지만, 어느 날 돌아보면 자신도 닮은꼴로 살고 있음을 알게 된다. 부모님처럼 그렇게 헌신적이고 희생적이지 않는 이기심을 반성하기도 하지만. 칠순이 넘어 시작한 서예에 끊임없이 정진하면서, 새해가 되면 붓글씨로 손자 손녀에게 카드를 보내는 허리가 휜 어머니를 보노라면, 삶의 의무와 보람이 무엇인지 생각하게 된다. 당신이 보여주는 정신, 열심히 살아오신 모습, 그것은 어쩌면 내 DNA에 각인된 멘토인지 모른다.

  그러고 보면 나의 멘토는 끊임없이 나를 향상시키는 것들이다. 산길에서 만나는 강인한 들꽃이 멘토가 되기도 하고, 신문기사에 난 미담 기사의 착한 주인공도 어느 날은 나의 멘토가 된다.

내시경

　남편이 대장내시경을 했다. 병의 원인을 찾기 위한 방법이었는데, 나는 대기실에 설치해놓은 모니터를 보아야 했다. 구불구불 긴 터널 속으로 곤두박질치는 내시경의 불빛은 요란한 소리를 내며 질주하는 앰뷸런스처럼 보였다. 불안하게 움직이는 화살촉을 보고 있으니, 나도 머리를 처박고 아득한 나락으로 떨어지는 느낌이었다. 대장에서 이물질을 떼어내는 작업은 화성에서 로봇이 모래를 채집하는 것보다 더 절체절명의 순간이었다.

　도자기가 진품인지 가짜인지 내시경을 한다. 너무 완벽한 아름다움과 너무 완벽한 보존 상태라 전문가들의 식견만으로는 판별하기가 어려운 모양이다. 단돈 이삼만 원 하는 모조품이냐 아니면 수천만 내지 수억을 호가하는 고려시대의 진품이냐. 결국 전자파 내시경으로 항아리 안을 감식한다. 흐릿하고 얼룩얼룩한 도자기의 상태가 나타난다. 도자기는 흙의 부식 정도가 심할수록 진품이라고 한다. 세월에 의해 많이 곪고 삭을수록 건강하다는 결론. 이 엉뚱한 반전을 바라보는 일에도 진땀이 났다.

내면을 향한다는 것과 보이지 않는 곳에 촉수를 들이댄다는 것. 거기에는 항상 예상을 뒤엎는 서스펜스가 도사리고 있다.

닮음에 대한 아이러니

"꼭 너 닮은 딸 하나 낳아 키우라는 말에서 쇳소리가 들렸다."

어느 수필의 한 대목이다. 딸을 부산으로 시집보내고 매번 서울역에서 울었던 작가의 어머니가 눈물 한 방울 안 흘리고 돌아서 가는 딸의 매정함이 서운했다. 그래서 그의 모친이 하소연처럼 던진 말이다. 엄마의 애틋한 이별에 따듯한 눈길 한 번 더 주었으면 아무 탈이 없었으련만.

어디 그녀뿐이었겠는가. '이 담에 꼭 너 닮은 자식 한 번 낳아 키워봐라'는 목멘 소리 한 번 듣지 않고 자란 자식이 있을까. 큰 잘못도 아닌 일에, 원망과 한숨이 섞인 그런 푸념이 직격탄처럼 날아오지 않았는가. 자식들은 이 뜨악한 소리에 뭔가 찔끔하지만, 내심 '내가 왜', '내가 어때서' 하는 작은 저항이 없는 건 아니었다.

생각해 보면 그 메시지는 부모가 할 수 있는 최고의 예의 바른 악담이었으리라. 언젠가 너도 자식을 통해 너 꼬락서니를 거울 보듯 성찰해 보라는 교훈이었다. 자식 키우면서 상처받고, 괴롭고, 서운하고 힘들었던 그 복잡다단한 심정을 어찌 말로 다 할 수 있는가. 차마 치사해서 못 한다. 자식으로 인한 인생의 쓴맛을 너도 언젠가는 알게 될 것이다. 기다리마. 많이도 말고 꼭 너로 인해 내가 아파한 만큼. 어미들은 그런 유보의 통첩을 던지면서 세월을 위안 삼고 인내하였다.

어느 날, 자신도 그와 똑같은 말을 하고 있었다. 그 옛날 모친과 너무 닮아 있었다. 목소리의 톤도, 언짢은 기분도, 애착의 기운도 그랬다. 문득 그렇게 세월이 건너갔다는 사실이 오싹했다. 닮음의 속성은 결코 닮고 싶지 않은 것들이 모여 너와 나를 이어간다는 생각이 들었다. 늙어가는 모친의 자태와 얼굴은 나의 자화상일 터이다. 달갑지 않은 성찰이지만, 핏줄이 흘러가는 한 과정을 보는 것 같았다.

M은 아들을 들여다본다. 이목구비, 뒤통수, 이마, 발가락을 요모조모 뜯어본다. 드디어 아들과 자신이 닮았다는 것을 발견한다. '발가락이 닮았다'라고 다분히 자기만족을 한다. 아내의 부정을 불식하고 자기 자식으로 고집하고 싶은, 그리고 인간적 신뢰를 저버리고 싶지 않은 최후의 보루다. 그 딜레마는 닮음에 있었다. '콩 심은 데 콩 나고 팥 심은 데 팥 난다'는 그 자명한 검증만이 평생 내 새끼, 내 강아지라고 훑고 키울 수 있는 사랑과 희생의 모태가 되는지 모른다. 그래서일까. 갓 태어난 아기를 받아 안고서도 사람들은 '닮음'의 원초적인 정서를 드러낸다. '이 녀석 눈매 한번 보게. 꼭 자네를 빼 닮았네' 장모는 이렇게 너스레를 떨고, 갓난아기와 첫 상면하는 아빠는 마치 위대한 발견을 할 것처럼 아기를 넘겨다본다. 남자의 이 모습은 비로소 아버지로 거듭나는 순간이다.

'쟨 대체 누굴 닮아 저렇지' 자식을 두고 부부간에 이런 말을 평풍처럼 주고받지 않는 부모 또한 없다. '누굴' 따져봤자 당신과 나 둘뿐인 자명한 일을 두고, 듣는 쪽은 왠지 심기가 뒤틀린다. '그래, 안 좋은 건 다 날 닮았다. 왜'라고 시비조로 나가는 날은 부부싸움의 불티가 된다. 그래 봤자 누워 침 뱉기다. 아이는 자라면서 행동, 성격, 생활습관에 이르기까지 엄마 아빠를 닮아

간다. 대체로 쌍방 단점만 닮아가는 것 같고, 유독 그런 것만 눈에 들어온다. 아이의 성질머리에서 내 성깔을 보지만 모른 체하고, 아이의 게으른 모습에서 어쩜 그렇게 당신을 닮았어요, 라며 상대방에게 그 책임을 전가하고 싶다. 자신의 결점을 인정하기 싫은 불편한 진실. 그 불편함이 하필 자식을 통해 드러나는지 모를 일이다. 결국 아이의 부족한 2%를 부모 탓, 내 탓으로 돌리겠다는 순연한 마음이 숨어있다.

'닮음'은 이렇게 가족관계에서 미묘한 완충 역할을 하고 있다. 마치 변증법처럼 부정하고 긍정하다 그 모순을 지향해 가는 부산물인지 모른다. 닮음은 자신을 검증하는 자화상이며, 자기 모습을 발견하는 거울이기도 하다.

두려움

물구나무서기

　직립의 틀을 깨는 데는 두려움이 따른다. 하다못해 반찬통 하나라도 엎어놓으려면 거부하는 마음이 생긴다. 하물며 마음대로 되지 않는 작대기 같은 몸을 거꾸로 세우면 오금이 저린다. 그러나 두 손을 바닥에 딛고 몸을 거꾸로 서면 일단 그렇게 서보면, 피가 역류하는 환희를 맛본다. 호스를 거꾸로 치켜들 때 솟구치는 물살처럼 몸 곳곳을 거스르는 피의 놀람이 일어난다. 비록, 동심으로 하는 놀이는 아닐지라도 물구나무서기를 하면 퇴화해 버린 몸의 한 기능을 다시 찾은 것 같다. 오래 버티고 싶은 마음 또한 아이로 돌아간다. 그러다 어느 한순간 발의 뒤꿈치가 벽에서 떨어져 나와 온전히 허공에 서 있을 때, 공포와 두려움은 허물처럼 떨어져 나간다. 모든 중심이 정수리 한 끝에 모이고 등줄기에선 땀이 배어나온다. 그리고 두 다리의 미세한 흔들림을 볼 때 뜻밖에도 나의 새로운 모습을 확인한다. 두려움을 놓아 버릴 때 오는 의외의 자신감! 그것은 사물을 뒤집어보거나 거꾸로 볼 때 발견한 새로움이었다.

태풍

미국의 루이지애나주를 휩쓸고 간 허리케인 '나비'. 그리고 몇 년 전 우리나라 국토를 휘젓고 간 태풍 '매미'. 그들은 태풍의 눈으로 돌진했다. 그때의 가공할 만한 위력과 피해는 엄청났다. 나비와 매미. 이들이 죽음과 재앙으로 변신하여 인간을 위협했다는 걸 자신들은 모를 것이다. 때로는 생태계에서 이름을 빌려와 태풍의 두려움을 극복하려는 인간의 마음을 어찌 알까.

게이트 앞에서 탑승을 기다리고 있었다. 출국수속을 마치고 비행기만 타면 집으로 가는 마지막 차례이다. 그래서 '게이트' 앞은 공항에서 유일하게 마음을 놓는 곳이다. 그런데 전광판에 나타나던 나의 행선지가 갑자기 사라져 버렸다. 곧이어 태풍으로 인해 상하이발 부산행 항공이 결항되었다는 안내방송이 나왔다. 여행객들은 뒤바뀐 행로에 우왕좌왕하였고 급기야는 바닥에 자리를 만들어 무작정 비행기를 기다려야 했다. 거대한 공항의 한 모퉁이에 앉아 하루 종일 끊임없이 이동하는 사람들의 행렬을 지켜보았다. 문득 태풍보다 더 두려운 것은 삶의 방향을 잃어버린 인간의 모습이 아닐까 그런 생각을 하면서.

BRICS

브릭스는 브라질, 러시아, 인도, 중국의 영문 머리글자를 딴 것이다. 이들 네 나라의 경제성장 속도와 앞으로 발전 가능성을 미루어 볼 때, 세계에서 가장 성장 가능성이 크다는 뜻으로 하나의 경제권으로 묶어 부르는 용어다. 이들의 공통점은 거대한 영토와 인구, 풍부한 지하자원 등 경제 대국으로 성장할 요소를 다 갖고 있다. 내수의 구매력과 외국의 투자, 수출 등으로 초

고속 성장을 하는 가깝고도 먼 나라 이야기다. 21세기 주인공이 된다는 그들을 부러워했지만, 두려움은 아니었다. 하지만 중국 상하이를 볼 기회가 있었다. 외탄지구에 펼쳐진 건물의 놀라운 규모와 거리에 넘쳐나는 사람들에게서 알 수 없는 전율이 일었다. 동방명주 같은 멋진 건물들이 단지 건축물로서의 아름다움이 아니라, 중국의 역동적인 힘과 가능성을 상징하는 세계로의 과시로 보였다. 그 마천루들은 '중국을 두려워하라'는 경고처럼 보였다. 가능성이 우리 것이 될 때 희망이지, 중국의 가능성은 두려움의 온상 같은 느낌을 지울 수 없었다.

뱀

동서양을 막론하고 사람들이 가장 두려워하는 것으로 뱀을 꼽는다. '뱀'은 그 말에서부터 꾸물거리는 이물감과 빛깔, 혀, 눈 그 모든 것이 소름끼친다. 귀신, 귀신…, 이렇게 귀신을 불러 봐도 귀신에 대한 이미지는 추상적이며 실감나는 공포는 없다. 그러나 화면이나 그림에서조차 뱀이 보이면 눈을 질끔 감아 외면해버린다. 이 소름 끼치는 본능적 느낌은 어디서 오는 것일까.

가끔은 인간의 원죄를 생각하기도 하지만 난 누구보다도 뱀을 끔찍해한다. 그런 자신 앞에 아들이 큰 구렁이를 목에서부터 허리까지 감고 서 있었다. 꿈은 아니었다. 말레이시아의 어느 야외식당에서였다. 석양이 주변을 서서히 물들여 가고 그 나라의 전통음악이 흘러나오는 분위기에 잠시 취해 있을 때 누군가가 나를 꾹꾹 찌르며 손가락을 가리켰다. 무심코 따라 본 순간 경악하다가 그 놀라움에 울고 말았다. 울음은 두려움을 희석시키는 스스로의 제어장치인지 모른다. 사람들은 용감한 사내라며 박수를 쳐주었고, 내 13살의 아들은 낯설고 두려운 존재로 서 있었다.

느낌

개미는 두려움이 없다고 한다. 그 이유는 개미에겐 죽음이나 나약함에 대한 인식이 없기 때문이다. 어디서나 일사불란하게 움직이는 근성을 가진 미물이다. 사람의 발바닥 아래서 매순간 죽음에 처해 있지만, 불안 따위는 없어 보인다. 그러나 인간은 두려움의 존재다. 불을 보거나 피를 봤을 때, 외진 길에서 사람이 스쳐지나 갈 때, 머리띠를 두른 군중이나 노조들의 거친 행동이나 함성을 볼 때 등등. 나는 어느 겨울밤 혼자 리프트 타고 슬로프를 올라가면서 이상한 두려움을 직시했다. 갑자기 안개가 몰려와 아무것도 보이지 않는 허공 속으로 자신이 사라지는 느낌이었다. 마치 미스터리한 사후의 세계에 입문하는 것 같은 경험이었다. 타인의 죽음은 슬프고 애상적이지만, 자신이 죽음에 처하거나 죽음의 그림자를 느낄 때 그건 슬픔이 아니라 엄청난 공포와 두려움이었다. 두려움은 외부에서 오는 실체이기도 하지만, 때로는 내부에서 일어나는 가공할 느낌이기도 하다.

모든 나이는 눈부신 꽃이다

 법문을 잘하는 스님이 있었다. 명쾌한 법문을 듣고도 법에 대한 생각보다는 스님의 나이가 궁금했다. 대체 나이가 몇 살일까? 얼마나 공부를 했으면 저렇게 쉽게 말씀을 하시지. 어디 물어볼 때도 없었다. 불교대학을 나오고 출가해서 몇 년, 남방에 유학을 갔다 온 세월을 대충 가늠해 보았다. 대체 내가 스님의 나이에 대해 호기심을 가지는 이유는 뭘까.
 이런 나를 보면 어쩔 수 없이 나도 한국 사람이다. 외국인들은 상대방 나이에 대해 묻지 않는다. 예의에 벗어난 실례로 본다. 간혹 외국인을 만날 때 그들의 나이가 알고 싶어도 그때는 꾹 참는다. 사실 나이를 몰라도 별 문제가 없는데, 우린 만나면 거의 신원조회 차원이다.

'몇 살이세요?' 초면이면 기회를 봐서 기필코 나이를 물어오거나, 묻는다. 약간의 조심스러움이 묻어나는 목소리로 나는 너에게, 너는 나에게. 사람에게 있어 '하나의 의미'로 종합되는 것이 나이에 있다는 듯. 마치 통과의례처럼 나이가 공개되면 내심 '내가 더 젊네, 저쪽이 더 많네' 하는 묘한 우위감이 조성된다. 항상 '많이' 못 가져 안달이지만, 그 순간만큼은 '적다'는 상대적 만족감을 은밀히 즐기고 있다. 심지어는 꽃 같은 20대 아이들도 한 살이 많고 적음에 은근히 의기양양한 티를 낸다. 그러면서 이 글로벌한 시대에 우리나라도 이제 '만' 나이로 이야기해야 한다며 뭔가 밑진 기분으로 말한다.

오랜 모임에서도 나이가 화제가 되면, 빙 돌아가면서 양심선언하듯 나이를 말한다. 잠깐 뜸이라도 들이면, 옆에 있는 친구가 친절하게 다 불어버린다. '애는 양띠고, 몇 학년 몇 반 아이가~'라면서. 참, 그 총기를 다른 데 써먹으면 좋으련만 싶다. 모두가 까발린 나이 앞에서 한마디씩 나이타령으로 접어든다. 어쩌다가 우리가 이렇게 나이를 먹었는지 모르겠다는 싸잡아 한탄이 나오고, 그래도 너는 나이보다 젊어 보인다는 애정 어린 격

려까지 한바탕 돌고 돌아야 '나이'의 꼬리는 잡힌다. 꼬리가 사라진 자리에는 여인네들의 한숨소리가 새어나오고 떠들썩했던 분위기는 한풀 꺾인다. 심지어는 일흔쯤 보이는 할머니가 지하철 옆 좌석에 앉은 할머니에게 다짜고짜 묻는다. "몇 살인교? 설 쇠면 육십일곱 아인교. 아~이구, 참 곱재. 좋은 나이요." 나이를 물었던 쪽은 부러움이 가득하다.

새해, 신문의 핫이슈는 '100세 쇼크. 축복인가, 재앙인가'라는 제목으로 시리즈를 싣고 있다. 생각해 보면 내가 백세를 살면 반 축복이고, 시어머니가 백수를 채우면 재앙에 가깝다는 생각이 피부에 닿는 현실감이다. 앞으로 시어머니가 될 입장이고 보면 내가 언제 죽어야 축복받는 나이가 될까. 그렇듯 나라도 국민의 백세 장수를 걱정하고 있다. 의료와 복지 그리고 그 많은 연금을 어떻게 감당할지 부담스러워하고 있다. 새해 벽두부터 국민들에게 '나이' 스트레스를 주고 있다. 건강하게 오래 살려면 이런 저런 운동을 하고, 소식小食을 하란다. 늙음을 긍정적으로 받아들이고 노후를 위한 저축을 해야 한다며 곰살궂게 잔소리를 하고 있다. 각자 알아서 준비를 잘하라는 메시지다.

마음은 나이를 한사코 거부하지만, 몸은 나이와 친근해진다. 새치가 듬성듬성 생기더니 어느 날은 염색을 하고 있고, 안경을 썼다 벗었다 하다보면 노안이 와 있다. 허벅지살이 빠져 있다 싶어 보면 종아리는 이미 왜소해져 있다. 거울을 보다 문득 닭 모가지처럼 목이 주름졌다는 것을 발견한다. 잘 때는 꼭 자리끼를 챙기고, 밤새 화장실을 들락거리던 어른들의 용태도 이해하게 된다. 몸은 노쇠해가면서 나이를 거부하려는 강한 마음을 무너뜨리는지 모른다. 무너진 마음의 자리에는 허망함과 외로움이 그늘처럼 자리 잡고, 생명에 대한 갈애와 회의에 발목이 잡힌다. 낙숫물이 언젠가는 바위의 구멍을 뚫듯, 나이라는 놈은 결국 우리를 죽음의 문턱으로 인도한다. 나이의 본능적 두려움은 여기에 있는지 모른다.

고대 '오비디'라는 무녀가 있었다. 아폴론은 그녀의 환심을 사기 위해 선물로 매수하려고 했다. 그러자 그녀는 한 줌의 모래 알갱이를 집어 들고 그 모래알갱이 수만큼 수명을 달라고 했다. 무녀였던 그녀도 나이는 먹고 싶지 않았나보다. 하지만 젊음을 그대로 유지해야 한다는 부탁을 잊었다. 시간의 신 '크로노스'를 반역한 죗값이었을까. 그녀는 천 년의 삶 대부분을 쇠약하고 추한 노파로 살았다. 탄탄하고 아름다웠던 몸은 병들고 점점 사람들 눈에서 사라졌다. 나이를 망각하고 영원히 살고자 한 인간의 욕망을 보여주고 있다.

나이는 그냥 숫자일 뿐이다. 그렇게 생각하기 힘들 뿐이다. 나이가 많고 적다는 그 관념에서 벗어나기 어렵다. 쉰이 넘어서 신춘문예에 등단한 시인이 있는가 하면, 아흔아홉 살의 할머니가 시집《약해지지 마》를 출판해 일본의 열도를 떠들썩하게 했다. 돌아보면 나의 이십 대에는 생각지도 못했던 '백두대간 종주'를 오십에 완주를 했다. 인생은 나이와 상관없이 뭔가를 할 수 있다. 그 뭔가를 위해 노력하는 즐거움을 알아가는 것이다. 정작 그 깨달음은 나이와 더불어 오는 것이다.

그래서 '모든 나이는 눈부신 꽃이다'라고 하지 않았던가.

블랙박스

  비행기의 참담한 사고 현장에서 유족들은 무언가를 찾으려한다. 마지막 흔적을 그렇게 확인하려는 것은 살아있는 자의 몸부림이랄 수밖에 없다. 땅을 치고 오열하는 심정은 잠시나마 원혼과 상통하기를 간절히 바라는 마음인지 모른다.
  블랙박스는 비행기의 마지막 순간까지 포착한다. 모든 사멸이 끝난 뒤 그 존재만 살아남는 불사조 같은 느낌이다. 악마의 온갖 짓을 다 구경하다가 끝에는 양심선언을 하는 것 같은 기분 나쁜 새다.
  하지만 비행기라는 물체는 자신의 최후를 그렇게 기록으로 남긴다. 만물의 영장인 인간은 그와 같은 상황에서 무엇을 남기는가. 죽음의 순간, 사람은 무슨 생각을 하며 생을 마감할까. 하루를 정리하는 저녁에도 마무리가 있듯, 자신의 운명이 닻을 내리는 순간 그 어떤 회자정리가 없다는 것은 소름끼치는 일이다.

사람에게도 블랙박스가 있다면 어떨까. 사람의 일거수일투족과 뇌의 기능 그리고 감정 그런 것들이 낱낱이 기록되는 장치를 휴대폰처럼 지니게 된다면. 행여 억울한 죽음의 순간 인간은 기계처럼 조금은 명료해지지 않을까. 사랑하는 아이들 모습, 아웅다웅 했지만 그래도 고마운 남편, 장롱 어디에 현금이 있다는 생각, 통장의 비밀번호, 이런저런 일에 용서를 바라는 마음 등등. 이런 생각들이 블랙박스로 남겨진다면 유족들은 저렇게 시신과 단서를 찾으려고 애달아하지는 않으리라. 블랙박스를 수거하여 해독해 망자의 유언을 안다는 것만으로도 괴로움과 슬픔에서 조금은 위안이 되지 않을까.

이 블랙박스는 영혼의 청사진이자 현대판 영정이 될 것이다. 그 가계의 블랙박스가 파일로 입력되면서, 컴퓨터에는 증조할아버지, 할머니, 조상들의 정신세계가 복잡 미묘한 문서로 저장된다. 할머니 제삿날 할머니의 블랙박스를 열어놓고 그분이 남긴 삶의 족적을 되새긴다. 과학자 심리학자 철학자 사이에서 그

것을 분석하고 해석하는 새로운 학문이 생긴다. 수필이 '심적 나체'라고 했지만, 이 블랙박스야말로 인간의 '심적 나체'가 되리라. 인공지능이 활발히 연구되는 지금, 인간의 마음을 투시하는 기계 또한 황당한 상상만은 아니리라. 만일 그렇게 된다면 인간은 양심적이고 도덕적인 사람이 되기 위해 얼마나 피눈물 나는 노력을 할까. 생각해보니 끔찍한 good idea다.

사고 비행기에는 분명 아내가 타고 있었다. 그런데 탑승자 명단에는 아내의 이름이 없었다. 그 후 남자의 심정은 복잡해진다. 살아있다는 일말의 희망이 있어 다행이지만, 매년 봄, 가을 회사일로 출장을 다녔던 아내의 행적은 뭐란 말인가. 직업인 형사의 직감으로 그는 추측한다. 모든 탑승자의 신원을 확인한 후, 아내는 가명으로 연인과 동승했다는 사실을 알아낸다. 행복한 가정이었고 사랑하는 부부였음을 의심 없이 살아온 그는 그제야 아내의 불륜을 안다. 그의 충격은 아내의 죽음이 아니라 '진실'에 대한 괴로움이다. 아내의 모든 것이 가짜였고 거짓이었다는 것에 그는 분노한다. 심증은 굳혔지만 물증이 없는 불륜에 대해 그는 단서를 찾는다. 그녀에게 숨겨져 있던 블랙박스를 찾는다. 사람을 잡아먹는 괴물 미노타우로스를 찾아 미궁 속으로 떠나는 신화 속의 테세우스처럼 그는 아내의 행적을 쫓는다.

예약되어 있는 호텔을 확인하고 그들이 이곳에 오면 늘 찾았다는 락카페도 간다. 아내에게 그런 이중성과 정열이 있었을까. 그의 직업적 본능으로도 알 수 없었던 것들을 확인한다. 그들이 밀애를 나누었던 아파트에서 아내의 체취였던 향수를 맡는다. 그 향수가 유일한 물증인 동시에 사건의 블랙박스가 된다.

낮에는 김해에서 추락한 중국 민항기의 여러 참상들을 화면으로 보았다. 밤에는 비행기 추락을 내용으로 한 영화 〈블랙박스〉를 보았다. 현실은 죽은 자의 죽음만을 직시하지만, 영화에서는 죽은 자의 진실에 대해 말한다. 영화는 다른 관점으로 묘한 여운을 남긴다.

중국 민항기의 조종사는 살아있지만 말이 없다. 항로이탈이나 조종 미숙, 기상악화 등에 대한 그 어떤 설명도 없다. 블랙박스가 사고의 원인을 입증하겠지만, 그의 심중에는 말하지 않은 진실이 있을 것이다. 과연 조종사는 그 진실에 대해 말할 수 있을까? 결코 블랙박스도 탐색할 수 없는 영역이다. 인간은 영원히 해독되지 않는 블랙박스일 테니까.

아버지를 부탁해

"여기, 돼지 간 한 접시 하고, 황주 두 냥 가져오라구. 황주는 따뜻하게 데워서 말이야."

허삼관은 피를 팔고 나면 곧바로 반점飯店으로 간다. 그리고는 탁자를 치며 큰소리로 호기롭게 주문을 한다. 돼지 간은 보혈에 좋고 황주는 혈액순환을 도와준다.

매혈을 하기 전에는 오줌보가 터지기 직전까지 물을 마신다. 피를 묽게 하여 양을 늘리기 위해서다. 두 사발 정도의 피를 뽑고 35원을 받는다. 그 돈은 반 년 동안 쉬지 않고 노동을 해야만 쥘 수 있는 큰돈이다. 매번 목숨을 건 그야말로 피로 버는 돈이다. 그렇다고 필요할 때마다 피를 팔 수 있는 것도 아니다. 적어도 석 달을 쉬어야 하며, 혈두-피를 사는 관리인에게 뇌물을 써 잘 보여야 한다. 이는 허삼관이 매혈을 하기 전, 후에 벌어지는 상황이다.

〈허삼관매혈기〉(위화,《허삼관매혈기》, 푸른숲.)는 피를 팔아서 살아가는 한 인간의 인생역정 이야기다. 인생의 절박한 순간마다 피를 팔아야 했던 한 남자의 삶이 자연스럽게 소설의 플롯이 되고 있다. 평범하고 가난한 한 가장이 중국의 근현대사를 온몸으로 겪으며, 결혼하고 자식을 낳아 살아가는 아버지의 이야기다.

친구 따라 처음으로 매혈을 한 허삼관은, 그 돈만큼은 '반드시 큰 일'에 쓰리라 고민하다가 여자를 얻어 장가를 간다. 세 아들의 이름을 일락, 이락, 삼락이라 짓고, 그들로 인해 겪는 인생의 樂과 苦가 무엇인지 보여준다. 자식이 긴박한 수술을 해야 할 때, 흉년이 들어 피골이 상접한 가족에게 국수 한 그릇 사 먹이고 싶을 때, 자식이 사고를 쳐 빚을 갚아야 할 때, 일락이가 자신의 친아들이 아님을 알고 그 아들과의 갈등을 넘어서 아버지로 거듭나는 그 모든 과정에는 항상 '피'가 매개되고 있다. 화해와 상생으로 치닫는 과정이 참으로 슬프고도 희극적이다. 슬프지만 작가가 허삼관을 통해 보여주는 해학의 즐거움은 소설을 읽는 재미를 고조시킨다. 아내 '꽈배기 서 씨'가 아들 셋을 낳을 때마다 고통스러워 악을 쓸 때, 밖에서 허삼관은 허허락락 기뻐했다. 목숨을 건 매혈의 매순간도 그러했다. 읽는 독자가 가슴 저리며 허삼관을 연민으로 지켜볼 때, 어느새 그는 딴전을 피우며 여유를 보여준다.

신경숙 소설 〈엄마를 부탁해〉는 자식과 가족을 위해 희생하는 전통적인 '엄마'를 모티브로 했다면, 이 중국판 소설 〈허삼관 매혈기〉는 '피'가 모티브가 된다. 피를 팔아야 삶의 먹거리, 양식糧食이 구해지고 그 속에 삶의 형태— 양식樣式을 만들어 가려는 처절한 가장의 모습을 만난다. 피가 생명의 원동력이듯, 그의 피는 곧 삶의 원천으로 이어진다. '엄마'를 잃고 나서야 엄마의 존재, 엄마 부재에 대해 인식하지만, '매혈인생'을 산 허삼관은 결코 죽지 않는다. 자기희생적 삶을 넘어서서 산다는게 무엇인지 보여준다. 무서운 삶의 집념을 평범한 허삼관은 아주 경건하게 낙천적으로 보여준다.

내용은 줄곧 통속과 무거움에 떨어질 요소가 많았다. 하지만 연민과 격정으로 짜인 서사의 구조는 울음이 웃음으로 교차되고, 긴장이 이완으로 반전되는 패러독스가 책을 읽는 역동성이다. 작가 위화는 아주 능숙하고 편안한 필력을 구사한다.

　소설가 위화는 1960년 생 황저우 출신으로 치과의사였다. 평생 쫙 벌린 남의 입이나 들여다보며 평생을 살아야 하는 직업이 싫었다. '문화관'에서 일하는 사람이 부러워 글을 쓰기 시작했고, 어려서부터 아버지가 마련해준 도서대출증을 이용해 매일 책을 읽었다. 부모님은 의사였고 집은 병원 위층에 있었다. 집 앞에 있는 시체 안치소에서는 하루도 빠지지 않고 곡소리가 들려왔다. 위화는 이층 창밖으로 고개를 내밀고 종일 이런 풍경을 내려다보며 그렇게 성장했다. 그래서일까. 작가는 일찍이 인간에 대한 깊은 이해를 터득해 버린 것 같다. 거기에 중국의 인민공화국 시절과 문화대혁명을 겪으며 극단적인 한 시대를 경험해서인지 인간의 리얼리즘을 극명하게 포착하고 있다. 최근에 읽은 《가랑비속의 외침》, 《살아간다는 것》, 이 책들도 험난한 시대에 지난한 삶을 살았던 따뜻한 사람들의 이야기다.

　아마 '허삼관'이라는 인물도 어린 시절 위화 집 주위를 떠돌던 그 시대의 한 그림자였는지 모른다.

자기 서술법

걸음을 멈췄다. 눈길을 잡은 것은 가게 유리창에 붙은 메모였다. "3월 8일부터 3월 16일까지 신혼여행 갑니다. 3월 17일부터 정상 영업 합니다. 죄송합니다." 가게를 닫게 된 주인장의 사정을 보자, 싱긋 웃음이 나왔다. 그리고 사진을 찍었다. 그래도 가던 길을 쉬 가지 못하고, 다시 글을 읽고 유리창에 얼굴을 바짝 붙여 집의 내부를 살펴보았다. 뭐 하는 가게지? 실내는 깜깜해서 요량할 수 없었다. 몇 발자국 물러나 간판을 살폈다. 간판이랄 것은 없었고 '파스타', '피자'라고 쓴 영문의 글자들이 유리창 위쪽에 조스팅 되어 있었다. 출입문도 유리를 끼운 나무틀의 미닫이문이었다. 이탈리안 음식을 파는 간이분식집 같은 인상을 주었다.

A4 용지에 인쇄를 한 것도 아니고 손글씨를 써서 친절하게 자신의 근황을 알리고 있는 집주인의 심정이 글자 한 자 한 자에 담겨 있었다. 나 결혼했다고 동네방네 그리고 단골손님들에게 애고피고 자랑하고픈 것이 전해졌다. 감천문화마을이라는 이곳을 처음 찾은 나 같은 이방인에게도 그 기쁨이 와 닿았다. 남잘까, 여잘까? 이런 생각을 하며 글귀의 여운은 계속 따라다녔다. 남자 쪽이 더 가까웠다. 결혼했다는 저 기쁨이 저렇게 밖으로 터져 나와 메아리로 들리는 것은 마치 전쟁터에서 승리를 한 남성의 함성처럼 들린다. 오랜 기다림과 어려움 끝에 결혼으로 골인한 남자의 성취감이 필체에서 느껴진다. 어디로 밀월을 떠났을까? 9일의 일정이 끝나면 돌아와 더 열심히 살겠다는 즐거운 결의도 묻어있다. 이웃들도 지나가는 나그네들도 '신혼여행'이라는 이 갑작스런 문구를 만나면서, 문득 환기되는 것들이 바람처럼 스쳐가리라.

주인장이 남자건 여자건 무슨 상관이랴. 이 사람의 이런 대화법은 온기가 있는 사람이다. 아마 이런 사람의 자기서술법은 언제나 좀 더 구체적이며 좀 더 친절한 정이 묻어 있으리라. 기쁨이나 슬픔이 있을 때 자신의 감정을 건너뛰지 않고 말할 수 있는 사람이다. 스스로의 감정을 잘 읽어 내는 솔직한 유형. 뭘 물으면 '글쎄'라는 말로 자신의 심중을 어물쩍 넘기려는 그런 부류는 아니다. '글쎄'라고 대답하는 말 앞에 서면 더는 캘 수도 다시 물을 수도 없다. 그는 그런 언어의 장벽을 치지 않는 사람일 것 같다.

그래서 호감이 간다. 길을 걸으면서 이 사람과 계속 교감을 하고 있는 나는, 그런 화법을 좋아하는 걸까. 아니, 그런 화법 읽길 좋아한다. 가령 초보운전자들이 자동차의 뒤 유리창에 부치고 다니는 스티커들을 보는 재미 같은 것이다. '떡두꺼비 같은 자식이 타고 있어요', '초보인데 아이도 타고 있어요', '초보라서 못 간다고 전해라' 등과 같은 자신의 뒷모습을 달고 다니는 내용을 볼 때면, 난 이들의 사적인 감정을 읽어간다. 'Baby in Car'라는 거두절미된 메시지보다는 훨씬 풍부한 이야기가 들어 있다. 운전자의 성별은 물론이거니와 상대방의 배려를 바라는 애교 같은 으름장의 수위까지 느껴진다. 성격과 이미지가 전해지면서, 때로는 '그래, 그래서 어쩌라는 말인데'라고 딴지를 걸고 싶은 마음이 울컥 솟지만. 모르긴 해도 차 꽁무니에 붙이고 다니는 그 서술의 힘은 분명 염력이 있을 터였다.

부산의 관광명소가 되어 버린 '감천문화마을'. 이곳은 아파트

와는 전혀 다른 방식으로 마을을 이야기하고 있다. 개인적으로 '문화'라는 말에 살짝 저항이 일어나지만. 아니나 다를까 문화를 만들어내려고 노력한 흔적이 여기저기 보인다. 벽에 그려진 화려한 색채와 지나친 그림들 그리고 동네와 겉도는 카페와 관광 상품들. 이것이 6.25전쟁 피난민들이 정착하여 살아온 삶의 내력을 대변할 수 있을까. 분단장을 이상하게 해 버린 듯한 의도된 과잉이 좀은 아쉽다.

하지만 골목으로 이어지는 좁은 길에는 우리의 기억을 자극하는 것들이 남아 있다. 이끼긴 담벼락 위로 낡은 문패가 걸려 있고, 지붕이 맞닿아 있는 처마 아래에 연탄재가 쌓여 있다. 빨간 수침이 돌아가는 계량기와 창살에 걸린 하얀 운동화, 장독대 위에 펄럭이는 빨래, 전봇대에 뒤엉킨 전선들…, 왠지 이 정물들은 가슴 뻐근한 그리움과 삶의 서사를 읽게 한다. 과거와 현재가 공존하면서 새로운 신화가 진행되는 이곳. 무엇보다 이 동네에서 처음 맞닥뜨린 '나 신혼여행 간다'고 외치는 저 온기가 오래도록 전해지는 마을이었으면 싶다.

중고 책

주문한 책이 왔다. 반가웠다. 포장을 풀고 책장을 넘기니 뭔가 훅 덮쳐 왔다. 담배 냄새! 전혀 예상하지 못한 일이었다. 책장 갈피마다에서 일어나는 냄새는 들숨과 함께 코로 흡입되었다. 니코틴에 젖어 있는 책은 매번 머리통을 자극했다. 후각은 시각보다 강했다. 절판된 책을 애써 중고로 구입했지만, 냄새를 거두어내지 않고는 내용에 접근할 수 없었다. 밀쳐두었다가 다시 손이 갔다가 냄새에 놀라 다시 밀쳐두기를 반복하면서.

이 불량한 책을 보낸 사람은 남자일거라는 단정을 내렸다.

'남자'라는 단정은 나의 선입견일 수도 있다. 하지만 책을 거풍시키고 시간을 보내는 동안, 엉뚱한 한 남자의 이미지가 삽화처럼 끼어들었다. 남자는 골초다. 자신만의 공간에서 무람없이 담배를 피워대는 애연가다. 가벼운 러닝 차림으로 비스듬히 벽에 기대어 책 보는 모습이 그려진다. 자욱한 연기 주변 여기저기에는 책과 꽁초들이 흩어져 있고, 그 공간은 간접흡연에 중독되어 있다. 이 책이 그걸 증명하고 있다.

'사진책'이라는 특성상 남자는 분명 사진에 관심이 있는 자다. 낡고 후줄근한 이 책의 상태는 그가 책을 열심히 반복해서 오랫동안 본 흔적이다. 많은 시간 책을 끼고 있었던 손때가 남아 있다. 그럼에도 남자는 책을 팔았다. 아끼는 책과 이별할 수 있는, 때가 되면 미련을 두지 않는 사람이다. 상상이 여기에 이르면 자유방임형의 남자는 다른 스타일로 전이된다. 그는 경제관념이 있는 자다. '중고 사이트'를 이용하여 책을 사고파는 실리를 가졌다. 그런 매체를 활용할 수 있는 연령이라면. 20대? 30대? 40대? 나이는 전혀 짐작할 수 없다. 하지만 그도 나처럼 이 사진책에 특별한 관심을 가진 것은 분명하다. 시간적으로 훨씬 앞서 책을 탐닉한 그에게 묘한 동질감이 생긴다. 같이 공유했다는 것, 슬쩍 담배냄새도 용서될 것 같은 기분이 든다.

'새 것'과 '중고'. 백지 상태가 새것이라면, 중고는 거기에 뭔가 덧씌워져 있는 상태다. 흠집이 생겼거나, 얼룩이 있거나, 낡았거나, 이렇게 냄새가 배어 있거나… 그런 흔적이 남아 있다. 그건 누군가와 함께했던 과거다. 유독 골동가구를 좋아하는 나의 취향으로 봐서 난 이런 과거를 수용하고 좋아한다. 대개 나무로 만들어진 오랜 가구에는 꼼꼼히 삭은 나름의 체취가 있다. 묵향 같기도 한 나무의 묵은 냄새에는 타인의 기운 같은 것이 반드시 남아있다. 골동을 구입하고 내 집 한 귀퉁이에 놓아두어도 한동안 '내 것'이라고 여겨지지 않는 낯선 서먹함이 있다. 아직 내 것이 되기에는 이른, 옛 주인의 정리를 품은 듯한 이물감이 있다. 이것이 중고의 매력이자 마이너스다. 중고에 대한 사람의 호불호가 나뉘는 것은 이것 때문이지 않을까. 커피 한 방울이 튄 자국이나 희미하게 그어진 밑줄이 지워져 있거나, 심지어는 '이 책을 읽는 시간이 행복하시길' 이런 자필이 덧붙여 있는 헌 책에는 분명 넘어서야 하는 기분이 있다. 하물며 이렇게 지독한 골초의 취향에 대해 더 이상 뭘 말하겠는가.

반년의 시간이 지나자 냄새는 서서히 엷어져 갔다. 남자도 사라지고 책의 과거도 사라진 느낌이었다. 그러자 한동안 책이 휑해 보였다. 휘발하는 것에도 아쉬움이 남는지 차츰차츰 엷어지는 것에 이상한 충동이 따랐다. 어릴 적 방역하는 차의 뒤꽁무니를 쫓아가면서 그 냄새를 잡으려 할 때처럼, 가끔 책에 코를 대고 킁킁거렸다.

제3부
눈길을 걷는 마을

곰팡이 꽃

 '아차' 싶어 접어놓은 이불 홑청을 폈다. 푸새를 하여 바싹 바르기 전에 대충 밟아둔 상태였는데, 며칠 사이 홑청은 온통 곰팡이를 피웠다. 접힌 여러 조각에는 흑백의 농담이 수묵화처럼 펼쳐졌다.
 미생물이라는 놈이 몇 날을 걸쳐 만든 솜씨였다. 그렇다고 홀러덩 물속으로 처넣기에는 아까웠다. '그냥 그대로 말려서 홑청을 시쳐?' 하는 생각도 들었다. 꽤 괜찮은 조각이불이 될 것 같다는 생각을 하다가, 문득 내 몸 어딘가에 곰팡이가 닿는 듯 스멀거렸다.

내가 만든 패치워크의 침대보를 보고 있으면 간혹 이런 느낌이 일어난다. 한 땀 한 땀 촘촘히 누빈 것을 보고 있으면 마치 점점이 기어가는 개미떼 무리를 보는 것 같다. 개미의 일사불란한 생태처럼 바늘땀도 살아 움직이는 듯한 착시를 일으킨다. 마치 사물거리는 물체처럼 보인다. 개미의 부지런함이 역사를 이루듯이, 나도 뭔가 업적을 이룬 듯 감회에 젖는다. 시간이 사라지지 않고 바늘에 꿰여 응축된 하나의 상징물로 보인다.

영화 〈아메리칸 퀼트〉는 황혼기에 접어든 자매들이 모여 패치워크를 한다. 각자가 만든 조각들이 이어져 하나의 완성된 이불이 되는데, 그 조각 하나하나에는 여인들이 살아온 이야기가 들어 있다. 조각 이야기가 모여 조각이불이 되고 그 안에는 여인들이 사랑했던 추억과 행복 그리고 힘들었던 삶이 담겨 있다. 그렇게 완성된 이불은 딸의 혼수품으로 대물림된다. 어머니와 그 선대 할머니의 인생 역정이 장롱 안에 차곡차곡 포개진다. 영화는 여인들의 한담을 통해 지나온 과거가 옴니버스 형식으로 전개된다.

우리 옛 여인들도 바느질거리는 참고 인내하는 데 필요한 적절한 도구이자 생활이었다. 한 땀씩 손을 거쳐 만들었던 의복,

이불, 베갯잇, 조각보, 병풍 등에 이르기까지 그렇게 형상화된 것들을 보고 있으면 도락의 경지에 이르렀음을 알 수 있다.

  한때 나는 손가락 한 마디만 한 바늘을 가지고 퀼트를 하며 많은 시간을 보냈다. 퀼트는 천을 오려서 붙이고 그것을 다시 퍼즐처럼 이은 다음 얇은 솜을 받쳐 손으로 누비는 작업이다. 그렇게 만들어진 몇 개의 침대보를 보고 있으면 까마득했던 시작과 끝의 과정을 돌아보게 된다. 무에서 유를 창조한 자부심이랄까. 숱하게 밤을 새웠고, 모임에 가서도 주위를 살피며 바느질 보따리를 펼쳤고, 여행 가는 비행기 안에서도 바느질을 했으니 그것은 내 정열의 증거품이라고 감히 말할 수 있다. 내 안의 힘을 그렇게 발산한 한 시절의 한눈팔기였다.

  그런 나의 모습에 "너에게 이런 미련함이 있었니." 하시던 어머니의 칭찬인지 험구이었는지 그 말씀이 오래 남아있다. 이제 침대보는 오래되어 색도 바래고 낡았다. 하지만 보고 있으면 단지 이불이 아닌 나의 미련함을 보는 것 같아 그렇게 좋을 수가 없다. '미련하다'는 말은 어리석고 둔하다는 말임에도 불구하고 거기에는 내가 몰입하고 집중했던 순간들이 떠오른다. 가끔은 내가 참으로 궁상스러워 보였고 시간 죽이기라며 스스로를 질책했지만 바느질은 그 시절 마음을 집중케 한 대상이었다. 몸을 고정한 채 잡념 없이 몰두했던, 마치 수행자 같았다.

이제 침대보를 애장품으로 모셔두고 싶다. 나의 미련함이 또 곰팡이 꽃을 피울지 모르지만, 가끔은 스멀거림을 맛보고 싶다.

눈먼 자들의 도시

'만일'이라는 가정법의 기회가 주어진다면, 우린 잠시 뜸을 들이게 되리라. 설렘과 주저, 가능한 일과 가능치 못한 일, 현실과 비현실, 소망과 희망 등 숨어있던 이런 것들이 다투어 일어나면서 잠시 가슴 두근거리는 기쁨을 맛보게 되리라.

하지만 '만일'은 인간을 꿈꾸게 하는 희망적인 명사만은 아니다. 포르투갈 노벨수상 작가 주제 사라마구는 '만약 우리 모두가 눈이 멀고 단 한 사람만이 이 세상을 보게 된다면', 이런 가정 하에 《눈먼 자들의 도시》라는 작품을 썼다. 우리에게 '본다'는 당연하고도 일상적인 일이 사라져버렸을 때, '볼 수 없다'라는 역지사지의 상황을 만들어 놓는다. 그 상상력으로 전개되는 소설은 가슴을 옥죄는 공포에 빠지게 한다.

한 남자가 차안에서 신호가 바뀌기를 기다리던 중 갑자기 눈이 멀어버린다. 책은 이렇게 시작된다. 이 사건으로 남자를 도와주었던 최초의 사람도 눈이 멀고 안과의사와 간호원, 소년과 주변인 그리고 도시 전체의 전염병으로 퍼진다. 원인을 알 수 없는 이 '백색실명'은 시야가 하얗게 보이면서 갑자기 실명이 된다. 이 상황은 누구에게나 일어날 수 있는 현실로 치닫고, 사람들은 불안과 두려움에 떤다. 인간의 가치나 윤리도 사라져 버린다. 전염에 대한 공포로 도시는 봉쇄되고 군인이 투입되면서 사람을 죽이고 그 와중에 한 무리들은 자신의 성욕을 채우고, 살아남은 자들은 유령처럼 먹을 것을 찾아다닌다. 거리는 온갖 배설물로 넘쳐나고 모든 질서는 무너져버린다. 이 점진적 전개는 처음부터 끝까지 긴장감으로 고조된다. '환상적 리얼리즘'이라고 하는 소설답게 현실과 환상이 기묘하게 엮어진다.

그야말로 '눈이 먼 도시'가 되고 거기에 단 한 사람만이 실명하지 않는다. 안과의사의 아내만이 이 모든 정황의 증인이 되어 지켜본다. 이 재앙의 도시에서 사람들은 한낱 동물적 존재로 변해가지만, 이 여인은 봉사와 헌신과 고통을 함께한다. 인간애를 통해 세상의 신뢰를 지키려는 화신 같은 존재이다. 인간성과 비인간성. 작가는 이 극단적인 이중성을 보여주면서 '보이는 것과 보이지 않는' 양면성을 이야기하고 있다.

'눈이 멀었다는 사실은 단순히 보이지 않는 현상이 아니라, 우리의 전부를 잃게 된다'는 것을 암시한다. 인간의 본성과 사랑 그리고 세상을 제대로 '보는' 것은, 볼 수 없을 때 비로소 볼 수 있다는 역설을 말하고 있다. 추함과 야만성이 바닥을 드러낼 때 평범했던 삶의 가치와 행복이 얼마나 소중한지를 경고한다. 딱 곽한 빵 한 조각의 냄새는 삶의 본질과 다름없다고. 사라마구는 죽음과 같은 실명의 고통을 통해 서로 더 많이 사랑하고 베풀며 살자는 메시지를 아주 무겁게 전하고 있다.

주제 사라마구는 소설 《수도원의 비망록》으로 노벨문학상(1998)을 받았다. 이 책에서도 작가는 '눈'에 집착하여 '보다'라는 명제를 참으로 환상적으로 그려내고 있다. 《눈먼 자들의 도시》에서는 실명하지 않는 한 여인을 통해 세상과 사람의 실재를 꿰뚫었다면, 《수도원의 비망록》에서는 장님인 여인을 통해 이야기를 풀어내고 있다. 흥미롭게도 작가는 여자의 '눈'을 통해서 '눈이 먼 세상'을 투사하고 있다. 왜일까? 이런 생각을 하다보면, '만약 사흘만 볼 수 있다면' 이렇게 간절한 소망을 했던 헬렌켈러가 떠오른다. 정말 사흘만 빛을 볼 수 있었다면. 헬렌켈러는 세상의 아름다움만 보았을까?

《수도원의 비망록》으로 사라마구는 유럽 최고의 작가가 되었다. 마르케스, 보르헤스와 함께 20세기 세계문학의 거장으로 꼽힌다. 개인과 역사, 현실과 허구를 오가며 신랄한 풍자와 경계 없는 상상력으로 독특한 문학세계를 구축했던 작가는 2010년 사망했다. 여전히 전 세계 독자를 매료시키는 베스트셀러 작가이자, 포르투갈 문학을 대표하는 지성과 지식인으로 추앙받는다.

눈길을 걷는 마음

 버스는 앞서가는 차를 계속 추월해 간다. 2차선의 국도에서 맞은편 차가 보이지 않는 틈을 타 곡예하듯 쌕쌕 빠져나간다. 때로는 커브를 돌며 그 순간 마주 스쳐 가는 차가 있고 앞서가던 차는 속력을 줄이지 않아 아슬아슬하다.
 맨 앞좌석에 앉고 보니 이 예기치 않는 상황에 온 신경이 옥죄여 왔다. 백미러로 운전기사를 힐끔 보니 정작 그는 모범운전을 하는 것처럼 능청스러웠다. 나는 마치 영화관 화면 속의 영상들이 내 머리 위로 달려들 때처럼 버스가 달리는 도로의 줄달음에 어지러웠다. 고개를 돌려 정면을 외면했지만, 시야는 오히려 더

넓어졌다. 앞좌석의 보너스 치고는 고약했다.

　눈을 감았다. 차창 밖으로 이어지는 산과 들, 낯선 풍경을 보면서 상념에 젖은 것은 길에서 얻는 즐거움이다. 감정이 가라앉고 마음의 풍경이 열리는 순간이기도 하다. 하지만 나른한 몽상을 접고 애써 잠을 청해 불안을 쫓는다.

　버스는 야생마처럼 끝없이 달리더니, 어디서부턴가 차의 움직임이 거의 느껴지지 않았다. 무심결에 눈을 떠보니 주위는 온통 눈으로 휘황하였다. 추월은커녕 숨을 죽이며 발톱을 세우고 기어가는 고양이같이 버스는 눈 속을 가고 있었다. 기사를 넌지시 보니 그는 초보운전자처럼 핸들 앞으로 바싹 당겨 앉아 허리와 팔과 눈에 잔뜩 힘을 주고 긴장하고 있었다. 액셀을 밟고 있는 발의 감각과 바퀴의 감각과 땅의 감각을 느끼며 오로지 운전에만 집중하였다. 최선을 다하는 모습이었다.

　눈이라는 물질 앞에서 사람은 저렇게 순종적이 되나 싶었다. 녹으면 그저 한 방울 물이 될 뿐인 저 물성의 힘, 그것이 무엇일까 싶었다. 하얀 입자가 눈부시게 빛날 뿐 사실 눈은 아무런 위협도 경고도 없다. 그렇지만 사람을 순화시킨다. 눈을 보면 괜히 환호성을 지르고 설레고 즐거워진다. 눈처럼 가벼워진다. 저 팔팔거리던 기사만 하더라도 지금은 얼마나 차분한가. 분명 그는 마음으로 운전을 한다.

　버스가 신풍령 고갯길을 벗어나면 곧 무주 스키장이다. 그 길을 들어서면 하얗게 펼쳐지는 스키장이 신세계로 다가온다. 하늘도 눈을 닮아 하얗고 산도 길도 나무조차도 눈에 덮여 있다. 눈은 자연에게 옷을 입힐 수 있는 유일한 것이다. 모든 것을 하얗게 자기화시킨다. 때론 그 순백이 장미의 가시 같은 것이 되어, 사람과 자연은 본능적으로 몸을 도사리게 된다. 눈송이를 이고 있는 저 나무들은 두려움에 떨고 있는지 모른다. 설해목이 될 자신의 모습을 상상하면서 말이다. 천하무적 같았던 저 기사는 이를 꽉 물고 핸들을 꼭 잡은 폼이라니! 사실 눈의 아름다움은 가벼움과 자유로움에 있다. 하지만 우리는 그 아름다움 앞에 몸과 마음을 구속당한다.

　스키도 하나의 구속이다. 맨 땅에서 걷는 자유로운 걸음을 동여매어 눈밭 위에서 걷는 행위이다. 처음 걸음마를 배우는 아이처럼 한 발 한 발 내딛으며 걷는다는 것을 온몸으로 체험한다. 넘어지고 미끄러지고 불안에 떨다 다시 일어서기를 반복하여 비로소 눈 위를 걷는 기쁨을 누리는 것이다. 그 기쁨은 걸음마를 뗴는 아이 같은 마음이다. 걷는다는 것 외에는 다른 어떤 여지가 없는 그 자체에 몰두하여 얻어지는 보상이다.

사실 기쁨의 정체가 이런 몰두에 있다면, 우리 일상에 넘쳐나는 것들이 다 기쁨의 대상일 것이다. 설거지, 청소, 공부, 밥 먹는 일 등등. 그 행위에 온 마음을 기울여 행동한다면 그 또한 수행일 것이다. 선가에서는 행선이라 하여 발에 마음을 두고 걷는 것을 알아차린다. 하지만 우린 그럴 수 있는가. 마음이 발에 가 있기는커녕, 그저 걷고 바쁘게 다닐 뿐이다. 문득 내가 무얼 하고 있나 알아차려 보면 온갖 생각에 빠져 정신없이 다니는 허깨비 같다.

그런데 눈은 이런 방심을 용납하지 않는다. 내가 눈 위에 있다는 것만 알게 한다. 미끄러움은 몰두하기 좋은 물질인지 모른다. 방심을 싫어하고 방심하면 여지없이 엉덩방아라도 찧어 자각하게 만든다. 그 은밀한 기쁨이 있기에 사람들은 눈길 위에서 조심하고 스스로를 구속하여 즐거운 비명을 질러보는 것이다.

새해, 눈길을 걷는 마음으로 걸어가고 싶다.

미몽이었다

 호출 같은 것이었다. 누군가가 '빨리 와야 한다'며 나에게 명령하였다. 누구였는지는 분명하지 않았지만, 음성은 단호하게 들렸다. 부드러웠지만 위엄있는 목소리였다. 마치 지각을 염려해서 학생에게 미리 경고하는 선생님 같았다. 왠지 난 그 어떤 말도 할 수 없었고, '그래야만 하는구나' 하고 받아들였다.
 나에게 남은 시간은 대여섯 시간 정도였다. 59년의 삶을 정리해야만 하는 불벼락 같은 시간이 흘러가고 있었다. 평소 그 정도의 시간이면, 여행을 떠날 때 두 개의 가방에 짐을 싸고 집을 정리하는 데 드는 시간이었다. 그때는 무엇을 가지고 갈지 두고 갈지 명료했다. 목적이 있었고, 계절과 행선지를 알았고, 돌아올 날짜도 분명했다. 그에 비해 지금은 '내가 가는구나' 하는 어렴풋한 인식뿐이었다. 언젠가 한 약속을 지키려는 것 같았다. 그러나 한편으로는 이 상황의 연유는 뭘까? 그 이유만은 간절히 알고 싶었다.

집중해 보았다. 하지만 몇 시간 후 내가 죽어야 할 이유는 없었다. 질환이나 신체적 결함도 없었고, 딱히 신의 노여움을 살 만큼 나쁜 사람도, 원망을 산 일도 없었다. 그렇다면 돌발 사건이 예견되어 있었던 것일까? 심장마비 아니면 교통사고, 아니면 천재지변이라도 일어난단 말인가. 하긴 한 치 일도 알 수 없는 세상사에 나도 뭔가에 목덜미가 잡혀버렸다는 말이다. 분명 '모멘트모리', 죽음을 기억하라는 경고다. '죽음을 생각하며 항상 삶을 돌아보라'고 했지만, 이렇게 느닷없이 내 일이 되리라곤 상상할 수 없었다. 그나마 나에게 들려온 이 예시는 축복일까? 신의 마지막 자비인가? 문득 육신이, 나이가 아깝다는 생각이 들었다. 무병무탈하게 살아온 나로서는 오히려 장수를 걱정하지 않았는가. 백세 시대에 백세까지 살 것 같았던 예감을. 아, 그런데 내 생몰연대기는 이렇게 오십 대에 끝나는 것이었구나.

커피를 내렸다. 식탁 의자에 앉아 깍지를 낀 채 턱을 괴고 생각해 봤다. 뭔가 해야 할 것이 있는데, 분명하지 않았다. 그야말로 마지막 정리를 해야 하는 절박한 순간이었다. 이제 안주인이 없을 집구석이 눈에 들어왔다. 벌떡 일어났다. 이 방 저 방의 문턱에 서서 물끄러미 쳐다봤다. 방마다 살림살이가 가득했다. 책, 옷, 신발, 가구, 냉장고 안에 든 음식들까지. 평생 저것들을 사고 소모하는 게 내 일생이었나 싶었다. 모든 애착이 낯설어 보였다. 저 짐은 식구에게 짐이 될 게 뻔했다. 그렇다고 당장 어떻게 할 용기는 없었다.

커피를 마셨다. 지구를 떠나면서 마지막 먹는 것이 커피구나 싶었다. 그리고 보니 커피에게도 신세를 많이 졌다. 기막힌 이 순간에도 커피에 의지해 안정을 찾고 있었다. 실마리를 찾으려 하고 있었다. 종이를 찾아 펜을 들었다. 손이 떨렸다. 뭔가 남기고 가야 할 말을 적어야 했다. '유언장'을 적어야 하다니! 비로소 울컥 눈물이 쏟아졌다.

이래저래 시간은 가고 있었다. 다급하고 초조해질수록 한 줄도 써지지 않았다. 내 생의 끝자락에서도 '글'은 이렇게 지리멸렬하구나 싶었다. 문득 내 삶은 어떻게 요약될까 의문이 들었다. 과연 난 잘살았는지, 잘사는 것은 어떤 것이었는지. 이 기막히는 순간에서야 절절한 물음이 되었다. 평범했지만 건강하게 살았고, 결혼하여 두 아이 키우면서 틈틈이 글을 써 작가라는 칭호하나 가진 게 다였다. 염라대왕이 묻는다면, 나의 신상보고는 이렇게밖에 말할 게 없다. 그나마 지옥에는 떨어지지 않겠지. 그렇게 믿고 싶다. '지옥'이라니! 정녕 지옥과 천국이 목전에 와 있는 걸까.

진땀이 나고 두려웠다. 정신을 차리려고 애썼다. 그리고 적었다. 감사하다고. 남편과 자식에게 진정한 마음으로 고백했다. 그리고 건강하라고. 너무 슬퍼하지 말라고. 내 사후의 처리는 화장을 원한다고. 기일날 가족끼리 맛있는 밥집에 모여 오붓한 시간이 되었으면 좋겠다고. 더 붙여 욕심을 낸다면, 남들을 위해 베풀지 못한 일들을 아들과 딸이 많이 해주었으면 좋겠다고. 막상 이렇게 적고 보니 평소의 잔소리에 비해 유언은 이상하리만치 간단했다. 좀 더 많이 사랑해야 했는데…. 후회스러웠다.

영정사진을 찾았다. 넥타이 하나 제대로 못 고르는 남편에게 이 일을 맡기느니, 내가 사진을 찾아 두자 싶었다. 이 와중에 맘에 드는 사진을 고르느라 허겁지겁하면서, 앞으로 남편은 얼마나 허둥대며 살 것인지 불 보듯 훤한 일들이 애처롭다. 내 지인들에게 제대로 연락이나 할 수 있을까. 내 휴대폰에서 카톡 몇 개만 열어보면 될 텐데. 그래, 그 정도는 할 수 있겠지. 문상 올

친구들이 그려진다. 나의 사망 소식을 실감이나 할까? 울어 줄 이가 있을까?

괘종 소리에 깜짝놀랐다. 갑자기 터져 나오는 소리가 오늘따라 방정스럽다는 생각을 하면서 나도 모르게 뭔가에 이끌려 현관으로 나섰다. 자고 있는 아들이 보였다. 조금 전에는 보이지 않았는데, 이상했다.

"아들, 엄마 간다. 응."

"어딜."

아들은 잠결에 말했다.

'아들, 운동 좀 열심히 하고….' 마지막 순간까지 차오르는 말을 꿀꺽 삼켰다. 누가 짝이 될까, 마음이 짠했다.

누군가가 나를 굽어보며 이렇게 말했다.

"운명하셨습니다."

바람이 데려다 주리

 삼천포를 향했다. 전날 늦게 받은 전화 한 통으로 이른 아침 집을 나섰다. 그녀의 부고. 나는 그녀의 이름, 나이, 성격, 얼굴마저 아는 게 없다.
 달리는 차에서 보니 산천은 온통 가을에 묻혀 있다. 알 수 없는 한숨이 가슴에서 새어나온다. 자연에 대한 탄성인지 나에 대한 자성인지 알 수 없다. 연일 바쁘게 쫓아다니는 자신을 차안에서나마 잠시 바라본다. 바쁘다는 것은 사람만의 일일까? 저 끊임없이 변화하는 자연은 바쁘다는 군소리 한 번 없다. 질서가 있고 모두 제자리를 지키면서 아무런 불평도 하지 않는다. 바람이 부니 곱게 물든 나뭇잎은 미련 없이 우수수 떨어진다. 바람에 저렇게 자유로울 수 있다는 것, 그것은 사람이 흉내낼 수 없는 자유다.

삼천포로 향한 이 바람은 무엇인가? 줄곧 그런 생각이 닿았다. 스님의 모친과 나와의 인연은 이렇게도 닿아 초행길, 삼천포를 밟게 되는구나 생각하였다. 우리가 사는 일 또한 바람 잘 날이 없는 날들이다. 생각지도 않았던 일들이 계속 불거지는 요즈음 나는 작은 바람에도 텀벙대고 어수선해하며 균형을 잃는다. 사람에게 있어 바람은 자유가 아닌 구속이다.

그녀의 빈소는 삼천포에서 배를 타고 20분 정도 가야 하는 섬에 있었다. '신도'라는 섬. 배를 타는 순간부터 나는 묘한 설렘으로 기분이 좋았다. 잔잔한 포구가 눈에 들어오고 바다 갯내음을 들이키는 그 순간부터였는지 모른다. 구속이었다고 생각했던 바람이 어느새 시원한 한줄기 바람으로 지나갔다. 번잡한 일상에서 벗어나는 홀가분함, 그런 자유였다. 문득 그녀의 황천길은 어떤 자유일까 싶었다. 보는 것, 듣는 것, 느끼고 생각하고, 움직이는 그 모든 것을 놓아버리는 것. 그물에도 걸리지 않는 바람이라 했거늘, 죽음은 정녕 바람에도 걸리지 않는 자유일까.

배 난간을 잡고 불어오는 바람을 맞았다. 작은 섬들과 물결, 구름과 하늘, 산 모두가 물 위에 신기루로 떠 있었다. 꼭 슬픔이어야 하는가. 이렇게 맑고 깨끗한 그 무엇에 홀려 문상 가는 길이 환희에 차오르는 기쁨이었다고 그것을 누구에게 말할 수 있으랴. 나의 목적은 어디로 가고 없었다. 〈바람이 우리를 데려다 주리라〉는 영화가 생각났다. 기자는 이란의 전통적인 장례의식을 취재하러 먼 오지를 향한다. 그 마을에 사는 최고 고령의 한 노파가 곧 숨질 거라는 소식을 듣고 멀고 먼 길을 달려간다. 첫 장면부터 끝도 없이 펼쳐지는 밀밭과 목가적인 이란 풍경이 인상적이다. 밀이 바람결에 누웠다가 일어나고 다시 누워버리는 것이 물결치듯 아름다웠다. 당초 기자들의 예상은 이삼 일이면 취재가 가능하리라 생각하고, 노파가 죽었다는 소문을 손꼽아 기다린다. 그러나 일주일이 지나고 열흘이 지나도 아무런 낌새가 흘러나오지 않는다. 상부에서는 뭐하느냐며 계속 휴대폰이 울린다. 기자들은 죽음을 보러왔지만, 뜻밖에 그곳에 사는 사람들의 삶을 보게 된다.

네 명의 아들을 모두 스님으로 키운 고인의 삶. 스님들은 스스로 스님이 되었겠지만, 그들을 키워내고 지켜보았던 그녀의 삶에는 어떠한 바람이 불고 지나갔을까. 생면부지의 한 여인의 죽음에서 삶의 흔적을 상상해 본다. 아마 인생의 숱한 바람을 맞으며 바람에 맞서 살다가 바람같이 떠나지 않았을까.

멀리서 보이는 흰 차양 자락은 상갓집을 알려 주었다. 스님의 생가는 바다의 등대처럼 언덕에 우뚝 솟아 있었다. 마치 절을 향하는 마음이었다. 영전에 올려진 사진을 보니 편안히 웃고 있었다. 사람은 가고 없었지만 그 여운은 남아 여기까지 왔느냐며 반기는 듯했다. 많이 먹고 놀다 가라는 생전의 목소리라도 들은 듯, 배를 타고 온 문상객들은 그녀가 베푼 경치와 음식에 즐거워하는 기색이었다. 잔치였다. 죽음을 보내는 예우가 꼭 애통이어야 하는 이유는 없다. 떠나는 자 보내는 자 모두가 가을 햇살 같은 빛으로 남아 있다면.

집 뒤 언덕바지에 앉았다. 이곳 감나무는 유독 키가 작아 코앞에 주렁주렁 감이 매달려 있고, 가꾸어 놓은 텃밭 고랑에는 고추, 상추, 파, 호박 등이 가을 햇살에 싱그럽다. 그리고 확 트인 망망한 바다의 정경. 아! 이보다 더 평화로운 곳이 있을까. 스님은 무엇을 좇아 스님이 되었을까. 무슨 바람이 스님으로 하여금 스님이 되게 하였을까. 해가 뜨고 해가 지는 이곳에서 고기를 잡고 누리는 범부의 삶이 훨씬 더 진리가 아니었을까.

죽음은 인생에서 마지막으로 부는 바람이다. 우리는 그 바람을 아는가. 작은 벌레조차도 바람의 언어를 읽는다고 하지만, 우리는 그 바람을 모르기에 더 진솔하지 않을까.

아, 나도 가자. 어둠이 내리기 전, 바람이 불기 전에 배를 타야 한다. 그곳에는 또 다른 바람이 나를 기다리고 있다. 뱃머리는 섬에서 멀어져 가고 스님의 장삼자락은 바람에 나부낀다.

영화가 따로 없다. 우리의 삶도 바람이 데려다주는 한 편의 영화이다.

신화, 그 재활용

술탄 아흐메트 40번가. 거기에는 천오백 년 전에 지어졌다는 물 수장고가 있다. 팔천 톤의 엄청난 물을 저장했다는 이곳은 의견상 눈에 띄지 않는다. 2차선의 도로변에 길게 늘어선 관광객들을 보고서야, '아, 저기가 거기구나' 하고 짐작할 수 있다. 용도는 궁전에 필요한 물을 저장해두거나 도시가 적으로부터 포위를 당했을 때 사용한 비상 식수였다.

이 지하 저수지는 '지하궁전'이라는 이름으로 여행 책자에 소개된다. 이름도 리모델링을 잘하면 운명이 바뀌는가 보다. 지금은 수로가 말라버렸고, 물 대신 사람이 그 물탱크 안으로 흘러 들어가고 있다. 많은 사람이 줄을 서서 한 발자국씩 움직이는 것을 보면 수장고에 달러($)가 채워지는 느낌이다. 이곳에는 '메두사'가 있어 더 유명하다. 머리카락이 온통 뱀이 되어버린 신화 속의 여자. 그 흉상을 보기만 해도 사람들은 공포에 돌로 굳어져 버렸다. 그 메두사를 보기 위해 좁은 계단을 더듬거리며 내려간다. 커튼을 젖히면 상상하지 못했던 무대가 우리 앞에 펼쳐질 때처럼 그곳은 일순간 괴기한 풍경으로 나타난다. 천장 어디에선가 물이 떨어지고 질척한 바닥에는 수많은 돌기둥이 도열해 있다. 모양, 굵기, 길이가 제각각인 336개의 기둥은 이오니아식, 코린트식, 도리아식의 다양한 형태로 섞여 있다. 거대한 수장고를 떠받치는 이 기둥들은 오스만 제국 시절 기독교의 신전이나 유적에서 잘라온 것이다. 목재를 다시 사용하듯 이교도의 신전에 있는 것을 재활용한 셈이다. 그렇게 이교도의 신마저 수장해 버렸다. 놀라운 발상이다.

바닥으로 떨어지는 물이 파장을 내며 기둥 사이를 부딪치고, 붉은색과 노란색의 작은 조명들은 반딧불처럼 어둠 속을 떠다닌다. 기둥들은 물에 투영되어 물그림자를 드리운다. 음침한 기운과 관광지가 되어버린 현재의 분위기가 묘하다. 메두사를 만나기 위한 즐거운 공포라 해도 좋다.

지하궁전의 제일 후미진 곳에 두 개의 메두사가 있다. 하나는 굴구나무서기를 한 채 정수리가 바닥에 닿아 있다. 다른 하나는 고개를 모로 돌려 기둥을 받치고 있다. 무시무시한 메두사가 무지무지하게 무거운 돌기둥에 눌려 있다. 신화 속 메두사는 지상에서부터 천상에 이르기까지 아름답기로 소문이 자자했다. '미인박명'이라는 팔자를 그녀만큼 혹독하게 치른 자가 또 있을까. 사실 그녀는 잘못이 없다. 바다의 신 포세이돈에게 농락을 당한 것도, 아테나 여신의 질투와 저주를 받은 것도 타고난 미모 때문이었다. 탐스럽던 머리카락은 뱀이 되어버렸고, 그 저주도 모자라 메두사의 목을 베어 아테나 자신의 방패에 사용하였다. 아테나 여신이 들고 있는 방패만 봐도 사람들은 두려움에 돌로 변했다고 신화는 전한다. 이 강적의 여신도 알고 보면 메두사의 위력을 자기 것으로 잘 활용한 셈이다.

지하궁전의 메두사는 원한에 차 일그러져 있다. 돌에서 느껴지는 야릇한 표정이다. 수장고에 메두사를 처박아 놓은 이유는 뭘까. 왜? '굳이'라는 생각이 스쳐간다. 서양의 신전이나 건축물의 머릿돌에 메두사가 있는 것은 일종의 부적 같은 의미다. 금줄을 달아 부정을 막았던 우리의 풍습처럼, 이 또한 잡귀를 쫓겠다는 상징이지 않았을까. 아마 메두사는 수장고에서 정화장치 같은 역할을 하는 셈이다.

  신화가 신들의 허무맹랑한 이야기지만, 그 의미는 여전히 진행형으로 지금도 사람들의 상상을 자극한다. 이 무궁무진한 이야기는 끊임없이 재생된다. 메두사의 비극적 신화와는 달리 오늘날 메두사는 '베르사체'라는 명품의 심벌이 되었다. 보석 안에 문양으로 들어가거나, 스카프 등에 화려하게 등장하는 메두사는 몸값이 엄청나다. 어디 그뿐인가. 비너스는 그 이름만으로도 세상에 숱한 조각과 그림과 상품을 탄생시켰다. 신화의 재활용은 영원하리라 싶다.

  지하궁전에서도 긴 줄을 서야 되지만, 성 소피아 박물관에 입장하기 위해서는 개장 시간보다 몇 시간씩 일찍 가서 줄을 서야 한다. 어디서나 관광객이 장사진을 치고 있는 진풍경은 비단 거기만이 아니다. 이스탄불의 골목과 광장은 이방인들로 채워진 도시 같다. 히잡 대신 선글라스로 얼굴을 가린 여인들과 반바지에 배낭을 멘 여행객들이 도시를 점령하고 있는 듯하다. 동서양의 문명이 화려하게 꽃피웠던 이곳. 허물어져 가는 노천의 돌무더기 앞에도, 미술관이 된 성당에서도, 이렇게 용도 폐기된 수장고 앞에도 그야말로 끊임없이 사람의 물꼬가 이어지고 있다. 유적을 보기 위해 그 뜨거운 햇볕에도 아랑곳하지 않고 버티고 있는 사람들을 보노라면, 문명과 역사는 끊임없이 재활용되고 있음을 확인하게 된다. 전쟁과 약탈 그리고 백성들의 노역으로 일구어낸 건축물들이 위대한 유산이 되어버린, 아이러니를 만나게 된다.

성당이 미술관이 되고, 성城이 박물관으로, 궁전이 공원으로 용도 변경되면서, 이제는 상품으로 다시 생명을 얻는다. 유적의 위대함과 아름다움이 이제는 달러, 유러화, 위안화를 끌어 모으는 재화로 리사이클 되고 있다. 이런 풍경 앞에 서면, 절로 '조상의 음덕이 있긴 있는 모양이야' 하는 소리가 새어나온다. 생각해 보면 음덕이라는 것도 복의 재활용쯤 되지 않을까. 조상이 쌓은 공덕이 현세에 발복하는 것이라면 말이다.

어떤 교집합

아마 'A∩B'라는 집합기호를 기억하시리라. 수학적으로 정의를 한다면, A와 B에 공통으로 속하는 모든 원소를 'A와 B의 교집합'이라고 한다. 몽상과 상상, 열망과 갈망, 성숙과 숙성, 꺾임과 꺾음, 조심과 방심 등의 단어도 음절이나 의미에서 교집합이 성립한다. 그럼 다음 경우는 어떨까?

경우 1
어릴 적 하던 놀이에서 '김치 깍두기'가 있었다. 편을 나누어서 하는 놀이에 한 명이 남을 때는 그 아이를 깍두기나 하라며 끼워주었다. 왕따를 시키지 않고 이편에도 낄 수 있고 저편에도 들게 했던 꽤나 융통성 있는 마음 씀이었다. 깍두기가 된 아이는 무슨 놀이를 하던 여기저기 낄 수 있다는 마음에 힘을 쏟아 부었다. 하지만 놀이가 끝나면 양다리를 걸쳤던 아이는 패자도 승자도 아니었다. 잘하면 잘한다고 못하면 못한다고 구박을 받는 어정쩡한 노릇이 되어버렸다. 그 명칭에 왜 깍두기가 들어갔을까. 생각해 보면 가난했던 그 시절이나 먹거리가 넉넉한 지금도 곰탕을 먹든 돈가스를 먹든 깍두기는 항상 메뉴에 따라 나온다.

경우 2

자식과 나, 나와 어머니 사이에서도 공통분모가 있다. 그들을 보고 있으면 거울을 보듯 내 모습이 반사된다. 어머니는 내가 출가를 해서도 저녁에 연락이 닿지 않으면 불안해하며 형제나 손자 손녀에게 수소문을 한다. 추어탕이나 호박죽 같은 별미를 해놓고는 가져가라고 조심스럽게 묻는다. 나 역시 아이들이 늦게 귀가하면 매번 위치 추적을 하거나 잔소리를 해댄다.

아이들이 잘 먹던 음식을 만들면 멀리 있는 그들이 생각나서 택배로 보내고 나야 마음이 편해진다. 하지만 내가 관심을 받을 때와 관심을 보일 때는 다르다. 이상하게도 자식이 되어 받는 쪽은 감사할 줄 모른다. 지나친 노파심이라며 지겨워했고, 자식들 또한 나의 관심을 부담스러워했다. 내가 노모를 서운하게 한 것처럼 자식들도 똑같은 감정을 전해준다. 어쩜 그렇게 당신의 모습에서 내 모습이 보이고, 자식들에게서 내 모습을 읽는지 때론 그 역학 관계에 실소를 하고 만다. '너도 자식 낳아서 딱 너 닮은 자식 키워봐라'는 진리의 말씀을 어느 날 나도 중얼거리고 있다.

경우 3

2018년 대한민국 여름은 더웠다. '더웠다' 앞에 어떤 수식어를 넣어 강조해도 사람들은 '그래, 맞아' 하고 맞장구 쳐주리라. 지독히 덥다, 미치게 덥다, 겁나게 덥다, 라고 푸념을 늘어놓아도 다같이 공감해 주리라. 남자들의 군대 이야기나 축구 이야기가 서로의 가슴에 재빨리 다가가듯이, 같은 상황, 같은 느낌에 놓이면 사람들은 통한다. 나만 덥지 않구나, 나만 힘들지 않구나 하는 위안을 받는다. 그래서일까. 우리는 사람을 처음 만나면 하다못해 어디에 사는지 고향이 어딘지 나이는 몇 살인지 궁금해한다. 심지어는 남편의 직업까지 묻는다. 그건 호기심이기도 하지만 너와 나 사이에 있는 이야깃거리를 찾고 연대감을 찾으려는 노력이지 않을까. 결국 나의 글쓰기도 내가 가지고 있는 생각을 타인이 공감해주기를 바라는 애꿎은 노력 아닐는지.

경우 4

친구 부부가 신혼여행을 가서 제일 먼저 한 일은, 호텔에 도착하자마자 동시에 화장실로 달려간 것이다. 급한 두 사람의 볼일은 렌즈를 빼기 위해서였다. 신랑은 주머니에서, 신부는 핸드백에서 렌즈통과 안경집을 들고 머쓱해졌다. 잠시 후 처음으로 안경 낀 모습을 마주했다. 소개로 만나 3개월 만에 결혼한 처녀와 총각. 아직은 서로의 얼굴이 낯설었다. 껄끄러움이 가시기에는 시간이 좀 더 필요한 사이. 그 사이 두 사람이 처음으로 발견한 공통점이 '안경'이었다고, 친구가 어느 날 후일담으로 들려준 이야기다. 어디 안경뿐이겠는가. 부부로 살아간다는 것은 한집에서 시간을, 밥을, 잠을, 자식을, 희로애락을 공유하는 사이이다. 그러다 문득 너무 닮아 가는 모습에 뜨악해지는 날이 종종 있다. 일심동체라는 이상한 교집합이 되어간다. 부부는.

경우 5

　요즘 남자들이 생각하는 결혼 배우자로서 이상적인 여성의 조건은 이렇다. 일 순위는 예쁜 선생님. 이 순위는 키 큰 선생님. 삼 순위는 안 예쁘고 키가 작아도 선생님이라고 한다. 물론 항간에 떠도는 우스개 이야기지만, 여기에 세 개의 벤다이어그램을 그려보면 원이 겹치는 부분에 선생님이 계신다. 이래도 좋고 저래도 좋으니까 선생님이면 된다는 젊은 청각들의 현주소를 보여준다. 맞벌이를 해야만 하는 힘든 세태이다. 바야흐로 '선생님'은 정신적 지주에서 경제적 지주로 부상하고 있다.

에밀 졸라와 《루공마카르 총서》

"내 꿈은, 별탈 없이 일하면서 언제나 배불리 빵을 먹고, 지친 몸을 누일 깨끗한 방 한 칸을 갖는 게 전부랍니다."

제르베즈가 남자의 청혼을 받아들였을 때, 자신의 소망을 이렇게 말했다. 그 후 결혼을 하고 아이를 낳고 살아가면서 몇 가지 추가된 간절한 바람은. "아이들을 잘 키우고, 남편한테 얻어맞지 않고, 자신의 침대에서 죽는 것"이었다.

인생의 목표가 이처럼 분명하고 소박하다면, 신도 이 가엾은 여인의 소망쯤은 들어주어야 했다. 그녀는 죽도록 일했지만 '허기로 배가 갈기갈기 찢어지는 고통 속'에서 거지처럼 죽어갔다.

술주정뱅이 남편에게는 폭행으로 시달렸다. 잘 키우고 싶었던 아이들은 흩어지고, 종국에는 거리의 여인이 되어가는 딸을 지켜봐야 했다. 왜, 대체, 무엇이 잘못되어 그렇게 어처구니없는 삶을 살아야 했는지, 그녀 스스로도 이해할 수가 없었다. 자신의 꿈과는 완벽하게 다른 곤두박질친 생을 살다간 여인, 제르베즈. 에밀 졸라는 《목로주점》에서 그녀의 일생을 참으로 아프게 그려 놓았다.

빅토르 위고는 《레미제라블》에서 빵 한 조각을 훔치다가 19년의 유형의 세월을 보낸 장발장의 이야기를 통해 19세기 중반 프랑스 사회상을 고발했다. 에밀 졸라 역시 그 시대 프랑스 사회 저변을 이루고 있었던 도시 노동자들의 삶을 이야기하고 있다. 위대한 이 두 작가는 유럽의 화려한 귀족과는 아주 거리가 먼 주제로 소설을 썼다. 부와 권리를 주장했던 시민계급도 아니었다. 도심의 변두리에서 가난에 허덕이며 열악한 환경에서 하층계급으로 살아가야 했던 인물이 주인공들이다. 대장장이, 식육점, 세공사, 장의사, 청소부, 세탁부 등 도시의 빈민층인 이들은 일용한 빵을 얻기 위해 하루하루 뼈빠지게 일했다. 그 고통을 잊기 위해 남자들은 매일 술로 위안을 삼고 시름을 달랬다.

그렇게 서서히 술주정뱅이 인생으로 전락하면서 가정은 망가지고 아이들은 거리의 부랑아가 되고 여인들은 매춘을 해야 했다.

과거나 지금이나 프랑스는 문화를 누리며 풍요롭게 잘 사는 것처럼 보인다. 하지만 왕정에서 프랑스 대혁명과 산업사회를 거쳐 근대화로 가는 역사의 뒤안길에는 노동자와 아이와 여인들은 인권이 유린되었다. 그 당시 하층민이 살아갔던 삶의 이야기는 소설보다 더 절박한 현실이었다. 오늘날 에밀 졸라나 빅토르 위고가 위대한 작가로 숭앙받는 것은, 그들이 속했던 신분과 부와 명예와는 상관없이 약자의 편에 서서 그들의 아픔을 헤아리고 증언했기 때문이다.

에밀 졸라는 《목로주점》의 서문에서 "민중을 묘사한 최초의 소설로 거짓말을 하지 않고 진실을 얘기하는, 민중의 향기를 담는 소설이다"라고 규정했다. 1876년 신문에 연재되면서, "거칠 것 없는 언어로 민중의 삶을 미화하지 않고 날것 그대로 보여주겠다."라고 했다. 《목로주점》 이후 에밀 졸라는 프랑스에서 가장 많이 읽히는 19세기 최초의 베스트셀러 작가가 되었다. 그리고 유명인사가 되었다.

1840년 파리에서 태어난 에밀 졸라는 일찍 아버지를 여의고 홀어미 아래에서 어려운 시절을 보냈다. 오랫동안 경제적으로 힘들었던 작가는 비로소 돈을 버는 부자 작가가 되었다. 그리고 20년 동안 스무 권의 소설을 발표했다. "한 줄이라도 쓰지 않고 보내는 날은 없다."라는 그의 철두철미한 작가정신으로 쓴 이 스무 권의 책들을 '루공마카르 총서'라고 한다. 이 총서들의 소재와 배경은 다양하다. 소설의 주인공들을 '19세기 프랑스 사회의 벽화'라고 해도 지나치지 않을 만큼 작품마다 등장하는 인물들은 소외계층이다.

탄광촌의 삶을 그린 《제르미날》. 이 소설의 주인공은 제르베즈의 아들 랑티에가 광부로 등장한다. 최초로 노동자가 주인공이 되어 광부와 탄공촌의 삶을 보여주고 있다. 《나나》는 제르베즈의 딸인 나나가 창녀로 나온다. 총서 17번째 소설, 《인간짐승》 역시 제르베즈의 아들이 주인공이다. 《여인들의 행복 백화점》은 11번째 총서로 지배계급과 피지배계급 사이에서 벌어지는 인간의 욕망을 그려 놓았다. 이 방대한 '루공마카르 총서'는 한 가계에서 5대로 뻗어나간 자식들의 이야기를 담고 있다. 《목로주점》의 주인공 제르베즈의 아들과 딸이 성장하여 광부가 되고 창녀가 된 인생역정이 각각 소설로 탄생되었다.

특이하게도 소설들은 한 가문의 족보 같은 계보를 가지고 있는 셈이다. '루공마카르 총서'는 루공家와 마카르家가 혼인하여 파생되는 혈연관계가 중심이다. '1871년~1893년 사이 프랑스의 제2제정 시대의 한 가족의 자연적, 사회적 역사'라는 부제가 붙은 책들은 에밀졸라의 철저하고 치밀한 그의 철학에 의해 만들어졌다.

"나는 현대사회가 아닌 한 가족에 관한 이야기를 하려고 한다. 타고난 유전적 기질이 환경에 의해 어떻게 변해 가는지를 보여주기 위해 역사적 배경과 직업, 거주 공간을 작품 환경으로 선택하였다. 나는 왕정이나 카톨릭 사상보다는 인간의 유전, 격세유전에 의해 글쓰기를 지향하는 것이다."라고 표방하고 있다.

오늘 날에도 우리 사회에는 '수저색깔론'이 분분하다. 아무리 능력사회라고 하지만, 금 숟가락을 물고 태어난 사람의 유복함을 보통 사람들은 평생 따라 갈 수 없다는 논리다. 결국 삶의 질을 좌우하는 것은 자신의 노력보다는 환경에 의해 절대적인 영향을 받는다는 이야기다. 21세기에도 그러함을 1800년대의 신분제 사회에서는 더할 나위가 없었을 것이다. 가장이 알콜중독자라면 그 가정에서 자란 아이들이 어떤 영향을 받고 성장하는지, 후대에 어떻게 전달되는지를 보여주고자 했다. 사람은 궁극적으로 유전과 환경적 요인에서 결코 벗어날 수 없음을 시사하고 있다.

1. 루공가의 운명
2. 쟁탈전
3. 파리의 배 속
4. 플라상의 정복
5. 무레 신부의 과오
6. 외젠 루공 각하
7. 목로주점
8. 사랑의 한 페이지
9. 나나
10. 살림
11. 여인들의 행복 백화점
12. 삶의 기쁨
13. 제르미날
14. 작품

15. 대지

16. 꿈

17. 인간 짐승

18. 돈

19. 패주

20. 파스칼 박사

위 목록을 '루공마카르 총서'라 부른다. 에밀 졸라가 22년에 걸쳐 한 가문의 5대를 추적하여 쓴 책이다. 이 책들은 현재 절반 정도 번역되었다. 에밀 졸라의 이 흥미로운 소설들을 가슴 절이며 읽다 보면 한 달이 한 계절이 후딱 지나간다. 그 즐거움을 권하고 싶다.

요즘은 두문불출

길어버린 머리를 어떻게 하고 싶었다. 어떻게 하고는 싶었지만 어떻게 할 것인가에 대해서는 별 생각은 없었다. 배는 고픈데 딱히 먹고 싶은 것이 없을 때처럼. 휴대폰에 담아놓은 줄리엣 비노쉬의 감각적인 머리 사진을 보이며, 똑같이 해달라는 요구도 하기 싫었다. 단골이니 그냥 알아서 해주었으면 하는 바람이었다.

그렇다고 가위 든 권력자에게 모든 걸 다 맡길 수는 없었다. 단지 이렇게 말했다. "좀 튀게, 얌전하게 보이지 않게" 해달라고. 오랜 단골에게서 평소와는 다른 주문을 받은 미용사는 짐

짓 망설이는 듯했다. 그의 머릿속에 고정되어 있는 나의 이미지가 흔들리는 듯했다. 한편으로는 젊지도 늙지도 않은 애매한 이 여인의 머리를 어떻게 튀게 할 것인지 고심하는 흔적이 지나갔다.

난 솜씨를 믿어보기로 했다. 몇 올의 머리카락을 잡고 커트를 치는 그의 가위 놀림은 자유롭고 자신감이 있다. 직선으로 단박 자르지 않고, 좌우에서 사선으로 오고가는 가위질은 그만의 특이한 기술이다. 이런 섬세한 가위질은 머리를 층층이 책장 넘기듯 하여 탄력이 있었다. 그런 그가 나의 머리는 늘 얌전하고 단정한 스타일로 만들어놓는다. 내심 파격을 원하는 나와는 매번 거리가 있었다. '저 정도의 실력이라면 때론 고객에게 새로운 변화를 시도해도 될 텐데' 하는 아쉬움이 있었다. 오늘 그에게 대담해질 기회를 주었다. '튀게, 좀 튀게 하라고.'

"어~ 무슨 일 있었어?"

"왜, 그렇게 머리를 잘랐지?"

"크, 개구쟁이 같네."

그야말로 흘러내릴 게 없는 머리카락을 보고 사람들은 한마디씩했다. 튀고 싶다고 한 내 의중이 이렇게 날아올 줄은 몰랐다.

자주 거울을 보게 되었다. 하루 한두 번 볼까 말까 하는 큰 거울 앞에 서서 작은 거울로 뒷모습과 옆모습을 면밀히 비추어 보았다. 얼굴은 이미 머리털로 덕볼 게 없었다. 빈약한 이마를 덮어줄 앞머리도, 처진 볼살을 가릴 옆머리도 한참은 모자랐다. 오로지 얼굴만으로 얼굴에 승부해야 하는 조건이 되었다. 짧게 머리를 자르고 나면 상큼했던 젊은 날의 얼굴은 아니었다. 껑충한 머리는 눈가의 주름과 잡티와 턱선을 선명히 드러내었다. 맘에 들지 않는 상황을 자꾸 확인이라도 하듯 거울을 들여다보는 심리는 뭘까. 그건 '그래도 괜찮아'라고 위안이 될 만한 꼬투리를 찾기 위한 나름의 노력이었다. 한편으로는 미장원을 다녀온 여자들이 하는 공통된 버릇이기도 했다.

그러다 문득 이 나이에 머리 커트 하나로 튀고 싶다는 발상을 왜 했을까. 순간 던져진 말이기도 했지만, 무의식에 자리 잡고 있는 엉뚱한 나를 보는 것 같았다. '얌전'에 대한 이 거부는 뭘까. '얌전하다'라는 이 주입적인 말은 살아오면서 나를 끊임없이 구속해온 이미지 아니었을까. '착하다'라고 칭찬받는 아이가 더 착해지려고 노력할 때처럼, 알게 모르게 나는 더 얌전해졌는지 모른다. 대체로 나서기를 주저하고, 조용하기를 원하고, 내가 가진 것을 펼치기보다 드러내지 않으려는 것이 나의 성향이다. 그러나 온순하고 행동이 유순한 아들에게서 가끔 엉뚱한 기질을 발견할 때처럼, 나 또한 그런 자신을 종종 알게 된다. 오드리 헵번보다는 메릴 스트립 같은 선이 강한 여자가 더 좋아지고, 내가 좀 젊었더라면 도전하고 싶은 것들은 죄다 호전적이며 자유분방한 것들이다. 히말라야 등정을 해 보고 싶고 마라톤 풀코스에 도전하고 싶고, 자전거로 유라시아 대륙을 횡단하는 원정대를 보기만 해도 마음이 설렌다. 뿐만 아니라 말과 행동도 스스럼없이 분명하고 강해지는 것을 보면 나는 서서히 변하고 있다. 나도 모르게 튀어나온 '튀게 해 달라'는 말도 그런 소치였는지 모른다.

"나 어때?" 하고 남편에게 물었다. 묻는 나의 의중에는 듣고 싶은 대답이 있었다. '괜찮네' 정도의 억지 답을 내놓으리라 기대했다. 그런데 "젊어졌네."라는 의외의 말이 날아왔다. 튀는 것도 아니고, 못난 것도 아니고, '젊다'라는 그 한 마디에 기분이 확 달라졌다. 젊다는 것은 새로움의 여지가 있고, 좌충우돌할 수 있는 시간이 아직 유예한 것이다.

아침저녁 머리에 물을 준다. 빨리 자라주었으면, 더 젊어졌으면 하는 제의祭儀다.

너무 튀어 요즘은 두문불출이다.

코르셋

　버스 안은 모두 하객들이다. 빈틈없는 자리에 얌전히 앉아 서울까지 가야 하는 불편한 공간이다. 불편함을 느끼는 순간 온갖 불편한 것들이 들쑤신다. 몸에 착 밀착되어 있는 코르셋마저 스멀거리며 갑갑하다. 미세하고 질긴 섬유질이 숨구멍을 막고 있어 당장이라도 코르셋을 벗어 던지고 싶은 충동이 인다.
　감촉 좋은 블라우스를 입을 때나, 모처럼 정장을 차려 입고 당당해 보이고 싶은 날, 혹은 오늘처럼 결혼식장 가는 날에는 무장을 하듯 코르셋을 착용한다.
　갑옷이 몸을 보호하는 장비라면 코르셋은 몸을 보정해 주는 장치다. 가슴에서 엉덩이 부분까지 하나의 자루에 몸을 밀어 넣기. 자루에 밀가루를 넣으면 밀가루 포대가 되듯이, 코르셋 속으로 들어간 몸은 동일한 압력을 받으며 구조조정이 일어난다. 새우의 유선은 새우의 껍질 속에서 유지되듯, 방만한 몸통은 고무의 탄성을 받으며 단단히 조여든다. 뱃집은 살포시 들어가고 처진 힙은 올라붙고 등은 곧추세워진다. 동시에 호흡은 약간 거북해진다. 이때 말초신경은 온몸으로 긴장감을 전달한다. 몸이 긴장되면서 전달되는 의외의 만족감. 마치 얼굴에 화장을 하듯 몸에 코르셋을 덧씌우는 이 작업은 단지 몇 미리의 오차를 위한 노력이다. 뭔가 고양된 듯한 기분은 사실 알량한 자기만족이다. 그래서 여자들은 불편한 이 수고를 마다하지 않는다.

 '에이, 다시는 이놈에 코르셋을 하나 봐라' 하며 참고 있을 때, 도시락이 전달된다. 뚜껑을 열자 김밥의 오묘한 냄새가 확 퍼지면서 코르셋의 존재는 사라지고 만다. 불편한 것들이 한순간에 사라지면서 계란의 부드러운 감촉과 단무지의 소리와 우엉의 쌉쌀한 질감이 어우러지는 맛을 씹는다. 문득 이 총체적인 맛을 싸고 있는 '김'이라는 놈이 보인다. 얇고 부스러지기 쉽고 찢어지기 쉬운 성질의 것이 더 단단하고 야물고 물기가 있는 것들을 감싸고 있다. 쭉쭉 늘어진 당근과 우엉, 계란, 시금치들을 가지

런히 모아 조용히 밥 속에 가두고 있다. 김 속에 갇힌 야채들은 한몸이 되어 김밥이 되고 있다. 아직 옆구리 터진 김밥이 없으니, 김은 여전히 적당한 긴장을 유지하고 있다.

김밥도 긴장하고 있다는 생각이 들자, 버스에 탄 혼주야 말로 정말 긴장되겠구나 싶었다. 차는 밀리지 않고 제시간에 도착할지, 결혼식은 별 문제가 없을지, 하객들이 불편한지…, 이런 저런 걱정을 싣고 차는 달렸다.

그런데 귀품 있게 한복을 차려입은 여인이 갑자기 벌떡 일어난다. 혼주의 노모인지 가까운 친척인지 모를 그 여인은 저고리의 옷고름에 손을 갖다 대더니, "마, 다 자식 같응게 이 할매 옷 좀 벗을람미더."라고 한다. 그리고 저고리가 벗겨지고 치마가 벗겨진다. 그 안에는 적삼과 속치마의 말기가 노친의 가슴을 동여매고 있었다. 어디까지 벗을지 남자들은 일체 그곳으로부터 민망한 시선을 거두어 창을 향한다. 그 사이 여인은 긴 홈웨어를 목에서부터 뒤집어 입는다.

아! 저 여인도 코르셋을 하고 있었구나. 허리가 아닌 저 가슴에! 혜원 신윤복이 그린 〈미인도〉 속 다소곳한 여인의 가슴 라인이 떠오른다. 치마 말기로 가슴을 동여매어 그 존재를 숨죽여 버렸던 우리의 잔인한(?) 코르셋. 인체의 부속물 중 '가슴'만큼 가슴 설레게 하는 것도 없었으니, 가슴을 죽이든 살리든 미의 중심은 가슴에 있었나 보다. 비비안 리의 풍만한 가슴은 여전히 보는 이를 뇌쇄하지 않는가. 아무튼 육감적인 노출과 은근히 감추려는 욕망 그 지점에 아름다움의 비등점이 있는지 모른다. 코르셋은 동·서양을 막론하고 그 비등점을 유지시키는 공신이었다.

긴장을 놓아 버리듯, 용감하게 치마 말기를 풀어버린 저 노부인의 시원함이 자꾸 부러워진다.

나도 두리번거려 본다.

제4부

대성당

나오시마 프로젝트

일본의 아주 작은 섬, 나오시마. 옛날에는 구리제련소였다. 고령화되고 황폐화되어 오랫동안 버려진 곳이었다. 젊은이들은 떠나고 노인들만 남아 외롭고 쓸쓸했던 섬. 지금은 '예술의 섬'이 되었다.

정부는 여기에 산업쓰레기 매립장을 구상했다. 기업 베네세 그룹은 다른 생각을 했다. 그곳에 다시 공장을 지어 돈을 벌겠다는 생각보다는 모험적인 이벤트를 끌어냈다. 그룹 회장은 세계적인 건축가 안도 다다오에게 섬을 통째로 맡겼다. '건축가, 너 마음대로 해보라'는 통 큰 후원을 해주었다. 일본 총리 이름은 몰라도 '안도 다다오'는 안다고 할 만큼 그는 독창적인 건물을 짓는 건축가다.

다다오는 섬을 재생했다. 땅 밑으로 건물을 지었다. 섬의 지형과 산의 능선은 그대로 살려 '지중미술관'과 '베네세하우스뮤지엄' 그리고 '이우환 미술관'을 지었다. 나오시마 섬을 상징하는 이 세 건물은 겸손하게도 거의 밖으로 돌출되지 않는다. 위에서 내려다보고 찍은 사진에는 세모, 네모, 긴 사각형의 모형이 능선 위에 꾹 눌려 있는 것처럼 보인다. 마치 건물의 숨통처럼 보이는 그 유리 지붕 아래로 빛이 쏟아져 내린다. 그래서 지하 공간은 시시각각 달라지는 빛과 구름이 흘러간다.

베네세하우스는 호텔이자 미술관이다. 거기에는 세계적인 현대 작가 백남준, 데이비드 호크니, 잭슨 폴락, 앤디 워홀의 작품들이 건물의 복도와 벽, 곳곳에 설치되어 있다. 이우환미술관 역시 안도 다다오가 지은 콘크리트 건물로 바다가 보이는 전망 좋은 곳에 자리 잡고 있다. 입구의 좁은 통로를 지나고 나면 이우환의 작품들을 만날 수 있다. 넓은 공간에 깔린 정적이 작품을 감상하기에 좋은 조건이다. 작가의 깊은 사유에 다다를 수는 없지만, 세계적인 작가의 위상을 짐작해볼 수 있다.

길목에 피어 있는 화사한 꽃들이 모네의 〈수련〉이 있는 지중

미술관으로 안내한다. 원형극장의 벽면처럼 펼쳐진 모네의 연작 〈수련〉을 지나면, '빛'의 작가 제임스 터넬의 작품으로 이어진다. 관람객은 아무것도 볼 수 없는 암흑의 공간에서 '빛'에 대해 새삼 체험하게 된다. 내 존재가 사라져버린 부재와 고요함이 잠시 수행처에 머문 듯하다. 미술관을 나와 야외에 설치되어 있는 재미있는 조각품들을 보면서 한적한 바다를 걷다 보면, 방파제 끝자락에 쿠사마 야요이의 작품인 커다란 호박이 보인다. 평생 '호박'을 집요하게 그리고 조각한 작가다. 바다에 떠 있는 듯한 노란색의 점박이 호박은 강인한 작가정신을 보여 주는 듯하다.

나오시마의 인상은 그랬다. 단순히 외모만 재생된 섬이 아니라, 성격과 개성이 느껴지는 섬이었다. 마을과 미술관, 섬을 돌아보면서 감탄과 역동적인 순간과 차분해지는 순간들이 교차하였다. '빛과 어둠'이라는 나오시마의 프로젝트에 굳이 의미를 부여하지 않아도 그곳에는 이질적인 것들이 어우러져 있다. 거대한 유물과 유적은 없어도 사람들이 비행기를 타고, 버스를 타고 배를 타고 이 멀고 깊숙한 외딴 섬으로 모여드는 이유일까.

노인들은 무료함에서 깨어났다. 어깨에는 힘이 들어가고 표정은 밝다. 낡고 버려진 마을의 집들이 미술관이 되었다. 노인들은 그 미술관을 관리하고 안내하는 일을 한다. 섬이 활기를 찾듯, 주민들의 일상도 생기를 찾았다. 이것이 나오시마 프로젝트의 가장 성공적인 '빛'이지 않을까. 미술과 건축이 일상의 구석구석까지 스며들 수 있다는 여지를 보여준다. 예술과 지역사회와 생활과의 조화, 그 가능성과 아름다움을 보았다.

내 나라의 무수한 섬과 사라져 가는 우리의 가옥들, 그리고 일상의 거리도 이처럼 변신과 관심을 꿈꾸어 본다. 사량도, 비진도, 매물도…. 어느 섬인들 나오시마만 못하겠는가.

작은 틈새로 들어오는 빛처럼 여행이 강렬할 때가 있다. 닫혀 있던 의식과 생각이 흔들릴 때처럼. 나오시마 여행은 '안도 다다오'라는 건축과 현대미술을 관통하고 나온 경험이었다. 머리로 아는 어려운 이해보다는 건축과 미술이 몸으로 체득되는 기회였다. '왜'라는 의문이 사라지고 그냥 알 듯 느껴지는 것. 나오시마는 그런 것들을 가지고 있다.

나이테

　트럭은 벌목한 나무를 가득 실어가고 있었다. 일방통행로 같은 외길에서 우리가 탄 버스는 트럭 꽁무니를 천천히 따라 갈 수밖에 없었다. 트럭의 꽁무니라고 하지만, 정작 트럭은 보이지 않고 길게 드러누운 나무들만 보였다. 버스 앞 유리창에는 누워서 가는 나무들의 나이테가 빙빙 돌아가고 있었고, 굵은 빗방울이 뚝뚝 떨어지며 원을 그려내고 있었다. 끝없이 이어지는 가로수와 잿빛 하늘 그리고 나이테와 빗방울은 묘한 분위기를 자아냈다.

　뿌리와 가지를 다 쳐버린 나무 둥치는 아무 말이 없다. 둥지를 틀고 살았던 새소리도, 바람에 이는 나뭇잎 소리도 함께 사라졌나 보다. 나무는 해와 달, 바람과 구름, 그리고 비와 눈 그들과도 영원한 이별이다. 그래서인지 나무는 될 대로 되라는 듯 길게 누워버렸다. 부끄러운 속살을 보이는 아픔처럼 나무가 잘린 생살에서는 허연 소름이 돋고 있었다. 그것은 과거와의 단절이었고, 한편으로는 또 다른 자기표현이었다.

'나이테'. 이제 저 나이테는 나무의 신분증이 될지도 모른다. 갈색의 치밀하고 선명한 무늬는 나무의 태생과 연륜과 성질을 보여주는 단서가 되는 셈이다. 원산지는 추운 지방이었고, 세월을 보낸 나이는 몇 살이며, 곧고 단단한 나무였다고 크고 작은 동심원들은 그렇게 메아리치며 고향 백두산을 떠나고 있었다. 나무 위로 떨어지는 무거운 빗방울은 나무의 슬픔처럼 보였다.

나이테를 보다 문득 나는 나의 여권에 찍힌 지문을 확인했다. 목줄에 걸려있는 가방을 열어 여권을 눈으로 확인하는 것은 여행을 하는 동안 거의 익숙한 동작이 되어버렸다. 여행은 잠시나마 자유로울 수 있는 숨통이라 생각했지만 정작 이 얄팍한 종이에 노심초사하며 다니는 꼴이었다. 나이테처럼 여권은 내가 달고 다니는 끈이구나 싶었다.

어딜 가나 예기치 않는 상황에서 나를 증명하는 것은, 나의 얼굴도 나의 생각도 행동도 아니다. 사진과 생년월일 그리고 주소와 지문이 찍혀있는 주민등록증이 자신을 대변한다. 주민 등록증의 희미한 사진과 숫자보다는 그래도 지문은 살아 있는 느낌이다. 나무의 모든 흔적을 나이테가 품고 있듯, 사람의 지문에도 그런 비밀이 숨겨져 있는 것일까. 손을 펴보니 손은 나무의 뿌리 같기도 하고, 또 나무의 가지 같기도 하였다. 이것은 새로운 발견이었다. 기꺼운 마음에 엄지손가락을 눈앞 가까이 대고 들여다보니, 지문은 나이테와도 닮아 있었다. 파장의 무늬, 파동의 소리, 파장의 밀도가 아우성치듯 눈을 어지럽혔다. 그러나 알 수 없다. 과학이 인간의 염색체를 해독하고 생명의 신비를 밝혀내고 있지만 지문만큼은 완전한 신의 영역이지 않을까.

일본은 유독 재일 동포에게 지문날인을 강요했다. 그들에게 지문은 '조센징'으로 차별과 감시의 대상으로 구별되는 하나의 낙인이지 않았을까. 쇠로 된 불도장을 달구어 몸에 찍으면 영원히 지워지지 않는 상처가 낙인이 되듯, 낙인이라는 말 속에는 항상 어두운 그림자가 숨어 있다. 사람들이 씻을 수 없는 불명예나 잘못을 저질렀을 때 우리는 눈이나 생각으로 낙인을 찍어

버린다. 《주홍글씨》의 헤스터는 부정한 여인이고, 대한민국은 IMF 국가라고. 그렇게 찍힌 낙인은 도장의 위력보다 강하고 오래간다. 일생 동안 가슴에 달고 살아야 했던 '주홍글씨'는 어떤 형벌보다 더 아픈 도덕적 낙인이지 않았을까.

《뿌리》의 작가 앨릭스 헤일리는 다섯 살 생일 때 할아버지로부터 선물을 하나 받았다. 수령 200년의 나이테를 가진 거목 한 조각이었다. 할아버지는 나이테를 가리키며 "얘야, 여기는 노예해방이 선언된 해이고, 요쪽은 너희 부모가 다닌 레인대학이 설립된 해란다. 그리고 네가 태어난 해는 껍질 바로 안쪽 여기란다."라며 앨릭스 헤일리에게 이야기를 해주었다. 기록에 의하면, 이 나무 조각이 그를 작가로 만들었다고 한다. 그는 자신의 가계를 9년 동안 추적해서, 아프리카에서 노예로 잡혀온 쿤타 킨테의 6대에 걸친 모계의 이야기를 소설로 써 세계적인 작가가 되었다. 그는 자신의 뿌리를 나무의 나이테에서 찾았고, 나이테는 그에게 인생의 지표가 되었으며 희망이었다.

생각해 보면 나이테는 후천적이고, 지문은 선천적이라고 하겠다. 전자가 원심원으로 세월의 두께를 늘려갔다면, 후자는 태어남과 더불어 있는 업의 고리이지 않을까.

나에게도 나이테가 보인다. 거울에 비친 잔주름과 내 의식을 지배하는 나이가 그것이다. 사람의 얼굴은 세월의 연륜이 만든 나이테이다. 분위기는 그 사람의 지문인 셈이다.

나의 얼굴은 어떤 자기 증명을 할 수 있을까. 기왕이면 아름답고 섬세한 목리를 닮고 싶다.

네가 하면 나도 하고 싶다

　노신사가 지나갔다. 멋진 여자의 뒷모습을 바라보듯, 순간 그에게 눈길이 따라갔다. 양복을 입은 할아버지는 멋쟁이였다. 윗도리는 헐렁하게 몸에서 겉돌지 않았고 바지통은 가랑이에 감기지 않았다. 그리고 바짓단은 짧았다. 거기에 청회색의 양복은 밝고 중후했다. 그는 유행을 아는 감각이 있어 보였다. 어딘가 멋이 있는 남자는 이렇게 시선을 받는지 모른다.
　레깅스를 샀다. 하체에 쫙 붙는 바지, '저걸 어떻게 입어?' 하던 선입견을 깬 것은 아마 그 노신사 때문이었을 것이다. 그렇다고 쫄바지를 그대로 입을 수는 없어, 오래된 니트 원피스를 꺼내 티셔츠처럼 함께 입었다. 긴 상의 아래 레깅스를 입는 요즘의 옷차림을 나도 시도해본 것이다. 그랬더니 넉넉한 체형도 슬쩍 감추어지는 느낌이 괜찮았다.

나도 유행을 탄 셈이다. 네가 하면 나도 하고 싶은 은근한 유혹을 실현해본 것이다. 유행은 이렇게 나이와는 상관없이 처음에는 망설이다 살짝 시도해보고 나중에는 스스럼없이 함께 동화되어버리는 것이 아닐까. 그것은 동시대를 같이 살아간다는 신호이며 소통의 한 방식처럼 보인다. 너의 모습이 좋아 나도 따라했다는 무의식의 합의 같은 것. 너와 내가 비슷하다는 연대감 같은 것. 그래서일까, 유행은 전염병처럼 한 시대를 휩쓸고 지나가는 힘이 있다. 금방이라도 흘러내릴 듯 허리춤에 걸쳐 있던 젊은이들의 힙합 바지가 이제는 민망할 정도로 몸에 딱 붙어 있다. 여자들의 치마 길이가 짧아졌다 길어졌다 하는 이 변덕 또한 언제 어떻게 생겨나는지 모른다. 어떤 복병으로 숨어 있다가 또 새롭게 출현하는지도 모른다. 하지만 이 즐거운 괴물(?)이 있어 거리는 변화가 있고 색달라지고 활기를 띤다. 쇼윈도를 기웃거리다가 지갑을 열게 되고 그런 충동들이 경기를 돌아가게 하는 미묘한 작용도 한다.

그렇다고 유행이 옷에만 국한되는 건 아니다. 우리가 사용하는 언어나 행동, 취미와 생활양식에서도 불현듯 나타났다가 사라지는 양상을 띤다. 김연아가 피겨스케이팅으로 세계의 정상 '여왕'으로 사랑을 받자 엄마들은 어린아이 손을 이끌고 피겨장으로 몰렸다. 〈삼시 세끼〉, 〈냉장고를 부탁해〉…. 요즘은 어느 채널을 돌려도 남자들이 요리를 하는 프로가 대세다. 청소년에게 희망하는 직업을 물으면 절대다수가 '셰프'가 되고 싶다고 한다. 직업도 분명 유행이 있다. 언제부턴가 '힐링'이라는 이 생뚱맞은 말이 우리의 의식을 지배하고 있다. 힐링 캠프, 힐링 책, 힐링 푸드, 힐링 여행 등등. 힐링은 올가미처럼 붙어 단어가 가진 본래의 의미를 묘하게 규정해버린다. 단어는 마치 창씨개명을 해버린 것처럼 몸과 마음의 치유를 위해 무조건 헌신해야 할 것처럼 보인다. 이전에는 '멘토mentor'나 '웰빙well-being'이라는 말이 한창 주가를 떨쳤다. 신문과 대중매체에서는 멘토에 대해 아우성이었다. 누군가를 멘토로 삼지 않으면 세상 살아가기가 힘들 것처럼 보였다. 그리고 건강에 좋다는 '웰빙' 먹거리가 방송에 소개되면, 그날 마트에는 방송된 과일과 채소가 동이날 지경이었다.

　우리의 지나친 쏠림 현상을 보고 있으면, 유행은 자연발생적인 것이 아니라 보이지 않는 손이 작용하는 메커니즘이 숨어 있는 것 같다. 조금이라도 튀고 싶은 인간의 욕망이 상품화되고 상업화되는 과정을 보는 것 같다. 사실 우린 유행에 너무 민감하다. 고가의 휴대폰이 아이 어른 할 것 없이 필수품이 되어버렸고, 산에 가면 그 많은 사람들이 비슷한 메이커의 아웃도어를 입고 있다. 그리고 거리에 즐비한 수많은 카페들. 우리가 언제 이렇게 커피를 좋아했을까. 우리조차도 이 변화의 속도와 반응에 놀라고 만다. 마치 떼를 지어가는 무리를 보는 것 같다. 거기에는 우리의 허영과 체면과 욕망이 함께 잠재해 있다. 따라하지 않으면 뭔가 뒤지는 것 같고, 없어 보이는 것 같아 불안하다. 이런 복잡한 심리에 의해 유행은 끊임없이 창출되는지 모른다.

 18세기 유럽의 젊은이들 사이에서도 하나의 패션이 있었다. 《젊은 베르테르의 슬픔》에서 베르테르가 입었던 노란 조끼와 파란색 재킷의 강렬한 색이 그 시절 젊은이들의 의상이 되었다. 베르테르가 우상화되면서 자살도 유행처럼 번졌다. 이런 현상을 우린 '베르테르 효과'라 부른다. 그러고 보면 유행은 서로 합의하지는 않지만 은연중 동의하고 묵인하면서 집단의 스타일을 만들어낸다. 마치 바이러스처럼 떠돌면서 그 사회의 정서와 열망을 대변한다. 어느 시점에는 문화적 현상이 되기도 한다.

하지만 유행은 이상한 속성이 있다. 여기저기 통통거리며 굴러다니던 공이 어느 날 시야에서 사라져버리듯이, 유행도 그렇게 슬그머니 꼬리를 감추어버린다.

바야흐로 요즘은 통 큰 바지를 입은 여인들이 거리를 활보하고 있다.

누가 묻는다면

친구가 며느리를 본다고 했다.

좌중에서 중구난방 떠들던 이야기는 순간 사라지고 친구들은 호기심에 바짝 모여들었다.

"어머, 그래! 축하해. 좋겠다. 언제, 어디서. 뭐하는 애야…."

이런 육하원칙의 궁금증과 축하 인사가 일단락되었을 때, 한 친구가 진지하게 "어떤 아가씨야?" 하고 물었다. 그러자 '어떤'에 대한 어떠한 망설임도 없이 친구는, "나와는 완전 달라."라고 짧게 말했다. 그 짧은 어감이 사라지기도 전에 누군가가 "그럼, 며느리 잘 봤네."라고 했다. 순간 불꽃처럼 동시에 폭소가 터지고 말았다. 장차 시어머니가 될 조금은 냉소적이고 계산이 분명한 이 친구도 그 순간 허심탄회하게 웃고 말았다. 오랜 시간의 우정은 이 미묘한 진담을 농담처럼 받아들였다.

요즘 나는 '효녀를 뒀다'는 약간의 부러움이 담긴 축하를 받는다. 갑자기 내 딸이 효녀가 된 것은 지극히 어려운 일을, 손쉽게 해결해주었다는 이야기로 귀결된다. 스스로 신랑감을 구해왔다는 것은 오늘날 심청이 못지않게 효녀로 칭송된다는 사실에 모두가 동의해 줄 것 같다. 과년한 딸들을 둔 엄마의 대열에서 비켜갈 기회를 주었으니, 심봉사만큼은 아니어도 눈이 번쩍 뜨일 일이다. 내 인생의 큰 과제 하나를 선뜻 해결해주었으니, 엄마의 심정도 '효녀'를 부정하지 못한다.

사람들의 관심은 대개 사위가 무슨 일을 하느냐에 쏠려 있다. 어떤 일을 해서 당신 딸을 고생시키지 않고 영구히 먹여 살리느냐는 궁금한 노파심이 묻어 있다. 남자에게 있어 모든 것을 우선하는 것은 what, 직업이었다. "사위 잘 봤네."라고 이구동성으로 빵 터져 나오는 한 마디는 거기에 달렸다. 거두절미하고 부러움이 담긴 축하를 받은 부류는 '사' 자가 달린 사위다. "우리 사위는 건축가다. 우리 딸도 건축가다. 그리고 밥이나 먹고 사는지 걱정이야."라고 덧붙인다. 그렇게 너스레가 끝나도 총각이 어떤 사람인지, who를 물어오는 이가 없다.

누가 묻는다면, 남편과는 완전 달라 나도 이렇게 말하리라. 그렇다고 그를 오해하지 말라. 남편은 까칠한 구석은 있어도, 도덕군자보다 더 반듯하며 지금껏 아내를 호의호식시킨 사람이다. 다만 그는 외형적으로 평생 살집이 없다. 아무리 먹어도 절대 배가 나오지 않는 남자다. 고속도로 위의 차량이 텅텅 비어도 시속 100킬로 이상은 절대 달리지 않는 것처럼 한결같이 자기 속도를 지켜온 사람이다. 뭘 물으면 즉각 말이 없고 생각 중이다. 무거운 짐을 들 때도 내가 양손에 씩씩하게 들고 간다. 그리고 먼저 문을 열고 들어가서 문을 잡고 남편을 기다리는 쪽이다. 살아보니 삼시 세끼 못 먹어 분통터지는 일은 없었지만, 매 순간 이런 내 기분에 의해 엎치락뒤치락하며 살고 있다.

사위는 듬직하다. 우리 딸이 배 나온 남자를 좋아한다는 사실이 처음에는 낯설었다. 하지만 지켜보면 그 묵직한 무게감 어디에 그런 날랜 생동감이 있는지. 이참에 깨달은 사실은, 사람에 있어 행동의 늦고 빠름은 그 사람의 부피와는 전혀 무관하다는 것이다. 아무튼 곰 같은 남편과 살아온 내 입장에서 보면, 그 시원시원한 행동만으로도 흐뭇해진다. 친정아버지에 이어 남편, 아들 이렇게 삼대에 이르러 내 곁에 싹싹한 남자라곤 없었다.

'상냥하고 눈치가 빠르며 남의 뜻을 잘 알아듣고 좇는' 이 사전적 의미가 그대로 몸에 배어 있는 사위를 볼 때면, 내심 '저럴 수도 있네' 하고 종종 놀란다. 딸과 다정스럽게 걸어가는 뒷모습을 물끄러미 바라볼 때면, 내 딸을 위해 어떠한 헌신도 마다하지 않을 믿음을 안겨준다. 반듯하게 자란 멋진 청년이 어느 날 우리 식구가 된다는 것은 금강석 같은 보물을 맞이하는 일이다.

누가 묻지도 않았는데 폰에 담아둔 손자 사진을 꺼내 보이고 자랑하고 밥 사는 할머니처럼, 나도 그런가? 문득 그런 생각이 든다. 그래서 이만 총총.

대성당

　성당은 '절'처럼 내 가슴에는 닿지 못한다. 절이 우리집이라면, 성당은 이웃집 정도가 될까. 절에 가면 일주문에서 합장하고 대웅전에 가서 엎드려 절한다. 우선하는 것은 부처님께 예를 드리는 것이다. 하지만 성당은 보는 것의 일부였다.
　그보다는 여행을 다니다 다리가 붓거나 덥거나 지칠 때면 가까이에 있는 성당에 들어갔다. 일단 들어가면 높은 돔과 석조 건물의 서늘함이 더위를 금방 가시게 하고, 텅 빈 의자에 앉아 기도하듯 잠시 눈을 붙이곤 하였다. 그러고 나면 전신을 훑고 지나가는 개운함이 내가 접한 하느님의 사랑이었다. 때로는 그 사랑이 너무 편안하고 고요해서, '하느님 감사합니다' 하고 중얼거리기도 하였다.

하지만 부러 찾아다녔던 유럽의 대성당들—베니스의 산마르코, 피렌체의 두오모, 스페인의 세비아, 파리의 노트르담—에서는 실로 어안이 벙벙하였다. 입장하려는 관광객들의 긴 줄에 붙어 서서 한발자국씩 걸음을 떼며 대성당을 보고 있으면 도무지 지상의 건물 같지 않았다. 비현실감이 압도하였다. 위로 쌓아올리고 옆으로 뻗어나간 거대한 석조건둘 위에 솟은 첨탑들까지. 그 위용과 함께 내부를 채우고 있는 하느님의 세계는 늘 오싹한 기분이 들었다. 고개를 뒤로 젖히고 봐야 하는 높은 천장의 프레스코화, 오묘한 빛을 쏟아내는 스테인드글라스, 숱한 대리석 석상들, 긴 열주와 성물들…. 그것들을 보면서 하느님의 전능보다 인간이 더 위대하다는 생각을 떨칠 수 없었다. 어떤 힘으로 이런 창조물들을 만들어낼 수 있었을까. 한편으로는 신을 위해 가공할 역사를 이루어낸 사람들의 집념이 수수께끼처럼 여겨졌다. 면죄부를 팔아 성전을 지어 하느님의 축복을 받으려했던 그 욕망 또한 불가사의해 보였다.

대성당 안에서 난 이런 생각들로 딴청을 피웠다. 만약 가톨릭 신자였다면, 그 장엄한 공간에서 주님을 향해 감격어린 기도를 하였으리라. 겸허한 순례자처럼 말이다. 하지만 정화된 그런 기쁨은 우러나지 않았다. 아무리 유명한 대성당 앞에서도 나는 늘 이방인이었다. 그 절대적 공간에서도 종교의 경계는 허물어지지 않는다는 걸, 믿음은 그렇다는 걸 확인하곤 하였다.

오늘 노트르담 대성당이 불길에 휩싸였다. 화재로 대성당의 지붕이 벗겨지고 첨탑이 무너지는 장면을 보았다. 그 순간 나도 모르게 고통스러웠다. 마치 우리의 숭례문이 화재로 불타는 것을 지켜볼 때처럼 하루 종일 안타까운 마음이 따라다녔다. 너무나 화려하고 웅장해서 오히려 냉담했던 마음도 사라졌다. '프랑스가 무너졌다'라며 그들은 노트르담 앞에 모여 밤을 새며 기도하고 오열하였다. 전 세계인들도 인류 공동의 유산이자 문화 손실에 함께 슬퍼하였다. 위대한 것이 사라질 때 비로소 위대함을 알게 되는 것일까. 거기에는 종교도 국적도 초월하였다. 어떤 '사물의 세계'에 대해 애도의 마음이 생긴다는 것. 애도는 사람에게만 받치는게 아니었다. 그럴 때 비로소 문명이이나 종교 속에 축적된 인류의 정신과 문화를 자각하게 된다.

레이먼드 커버의 소설 〈대성당〉에서 등장하는 맹인이 묻는다. '대성당'에 대해 설명해 줄 수 있겠는가? 주인공은 이런 질문을 받지만, 도대체 어디서부터 설명을 해야 할지 난감하다.

먼저 대성당들은 아주 높습니다. 하늘로 치솟았습니다. 높이가 아주 높아 양쪽으로 지지대가 뻗어 있는 대성당도 있어요. 말하자면 안 넘어지도록 받치는 거죠. 그걸 벽날개라고 해요.~ 그 옛날에 대성당을 지을 때 사람들은 하느님에게 더 가까이 가고 싶었던 거죠. 왜 그러냐고는 묻지 마세요

주인공은 자신의 설명이 얼마나 공허한지 안다. 솔직히 자신에게는 '대성당'이 아무런 의미가 없다고 고백한다. 그러자 맹인은 두꺼운 종이와 펜을 가져오게 한다. 그리고 "그려 봐. 내가 자네 손을 잡고 따라 움직일 거야." 두 사람은 함께 눈을 감고 지붕을 그리고 첨탑을 그리고 대성당을 그려가면서 비로소 실체를 느낀다.

내가 노트르담 대성당을 갔을 때는, 성모승천대축일이었다. 성스러운 날이었지만 여행객에게는 피하고 싶은 아주 복잡한 날이었다. 웬 사람이 그렇게 많은지, 그에 비해 미사는 차분하고 조용하고 엄숙했다. 그런 어느 순간 높은 곳에서 파이프오르간 소리가 온 사방을 공명하면서 내 귀와 온몸으로 퍼지던 그 전율은 잊을 수가 없다. 왜 그런 감동이 일어났는지, 그 황홀감

은 어디에서 와 어디로 사라져 버렸는지 알 수 없는 일이었다. 잠시 피안의 세계에 빠진 듯했다. 그것이 내가 체험한 대성당의 실체였을까. 아니면 나 같은 어리석은 사람에게 하느님이 주신 선물이었을까.

유럽인들은 수백 년 동안 대를 이어 대성당을 지었고, 수 백 년간 그 대성당과 함께 호흡하였다. 아마 그들의 일상은, 그들의 몸에는 우리가 알 수 없는 대성당의 DNA가 있지 않을까. 촛불을 들고 무릎을 꿇고 노트르담을 지키는 그들을 보면서 오늘은 나도 대성당을 생각하였다.

돈궤와 기러기

안방에 돈궤를 들이면서 "이것 당신 새해 선물이에요." 하고 남편에게 안겨 주었다. 전혀 그런 의도는 아니었는데 그렇게 말을 하고 보니, 돈통을 들이밀며 채워 달라는 소리처럼 들렸다. 새해의 덕담이 되었는지 애매하였다.

그래서일까. 돈궤에 차곡차곡 쌓이는 돈다발을 상상해봤다. 상상만으로도 즐거웠다. 하지만 막상 반닫이를 여니 퀴퀴한 먼지만 가득했다. 느티나무의 결과 장방형의 단순함에 반했던 마음이 순간 무색해졌다.

요즘 골동품 가게를 자주 드나든다. 늘 다니는 길목에 있는 터라 시장을 오가다 기웃거리고, 집에 있다가도 휑하니 가서 구경을 하고 온다. 무슨 이유에서인지 그곳에 가면 그냥 좋다. 여자들은 보석, 옷, 그릇 등등에 대한 욕심이 한 번씩 거쳐간다고 하지만 그와 무관하게 웬 골동을 탐貪하는지 모르겠다. 세월을 거쳐 온 잡동사니를 보고 있으면, 내 것도 아닌 것이 내 것 같은 이상한 애착이 간다. 그러다가 어느 날은 물건이 팔려 제자리에 없으면 허전한 기분이 되어 돌아온다.

 돈궤도 비상금을 통틀어 산 것이다. 하긴 사고 싶어 안달난 가슴에 불을 끄는 것도 일종에 비상이라 생각했다. 내친김에 목각 기러기도 샀다. 하필 그날 왜 눈에 띄었는지 모르지만 기러기는 짝도 없는 외기러기였다. 그러나 눈이 똘똘하고 귀여워 전혀 외로워 보이지 않았다. 그게 맘에 들었다. 돈궤와 기러기를 보자 아들은 "이것 사니까 저것 끼워줬어?" 하고 묻는다. "그래, 큰 시계 사면 작은 시계 끼워 주지."라며 웃고 말았다. 베갯잇 자수를 취미로 모아 전시회를 연 어느 남자가 이런 말을 했다. 수중에 돈이 있는 것보다 찾아다니며 베갯잇 하나 사서 들고 올 때, 그 기분을 누가 알겠느냐고. 돈을 가지고 있는 것보다 더 흥분되고 행복하다고. 그렇게 말하는 그의 표정을 보면서 누구 집 남정네인지 그 집 마누라 복장 치겠다 싶었다.

돈궤는 이미 제 기능을 잃었다. 그 기능을 잃고도 여전히 실속을 차리는 것이 골동품인지 모른다. 모름지기 생물이든 무생물이든 그렇게 스스로를 이어간다면, 오래 관심을 받으리라. 그러나 단지 오래되었다는 것만으로 애정이 가는 것은 아니다. 우리 옛 골동에는 안정감이 있다. 요란하지도 않고 꽉 차지도 않으면서 모자람이 없다. 조선시대의 목가구는 단순하고 소박하다. 은은한 미감이 있다. 다양한 장석들 또한 재미있고 볼수록 싫증이 나지 않는다. 오랜 시간을 견뎌 온 인내 같은 단단함은 마치 살아있는 생명을 대하 듯 정이 간다.

기러기도 그렇다. 조그만 목각이지만 당찬 구석이 있다. 나무로 쓱쓱 다듬어 놓은 굵은 선이 대담하면서도 시원하다. 오리주둥이처럼 쭉 내민 부리가 장난스럽다. 민머리 통에 동그란 눈알은 나이를 짐작케 한다. 7, 8세쯤 되어 보이는 애송이 소년 같다. 머리와 몸통을 잇는 목의 적당한 길이가 기러기를 품위 있게 한다. 모가지 길어서 슬퍼 보이지도 모가지가 짧아서 옹졸해 보이지도 않는다. 목 밑으로 유선형의 몸통이 기러기를 받치고 있는데, 딱 맞는 크기가 오히려 얄미울 지경이다. 그 몸통은 금방이라도 하늘을 차고 날 것 같은 날렵함도 있다. 외기러기지만 당차고 기특한 모습이다. 누구든 홀로 되었을 때

저 외기러기처럼 당당하면 좋을 텐데. 그런 마음으로 등을 쓰다듬으니 나무의 촉감이 특이하다. 누군가도 나처럼 쓰다듬은 흔적이 느껴진다. 이 또한 인연이리라. 골동은 이런 인연을 이어가는 교감이다.

  돈궤 위에 놓인 기러기. 두 물건이 조화롭다. 보고 있으면 무뚝뚝한 돈궤보다 살살 장난기가 동하는 기러기에 마음이 간다. 때때로 이들이 좋아서 막연히 빠져드는 자신을 발견한다. 나만이 누리는 조촐한 호사다. 나무로 가구를 만들었던 우리 조상들의 감각과 절제, 나는 그 안목을 즐긴다. 손가락에 보석을 낀 것보다, 새 옷을 몸에 걸치는 것보다 행복하다. 우리 집 남정네도 언젠가 복장치는 날이 오지 않을까 걱정된다.

모름지기

'쓰려면 그 열 배를 읽는다. 그게 글쓰기 윤리다'. 이렇게 당당한 고백을 한 사람은 원로 문학비평가 김윤식 선생(1936~2018)이다. 선생이 150권이 넘는 저서를 출판한 다산의 학자이고 보면 그동안 얼마나 많은 책을 읽었을까.

이 짧은 문장에는 읽다, 쓰다, 윤리라는 세 가지 명제가 들어 있다. 만약 글을 쓰는 사람이면 누구나 '윤리'라는 이 총체적인 말에 걸릴 것이다. 한 번쯤 '나는 글 쓰는 데 지켜야 할 도리를 다하고 있는가', 이렇게 자기 심문에 빠진다. 그리고 '열 배'라는 객관적 숫자와 자신의 독서량을 헤아려 보리라. 그 정도는 읽는다고 자부할 수도 있다. 아니면 아예 읽지 않고 쓰는 배짱 좋은 당신은 조용히 반성할 것이다. 글 쓰는 사람들은 선생이 들이대는 '열'이라는 잣대에 과연 자유로울 수 있을까?

선생은 '읽다'의 행위를 "생존을 위한 양식"이었다고 말한다. 읽고 쓰는 행위가 직업적인 일로서가 아닌, 삶 그 자체였다고. 책 읽기가 자는 것, 먹는 것, 심지어는 숨 쉬는 것과 같은 선상에 있었다고 하니, 평생 쓰기와 읽기를 위해 헌신하셨다.

쓰기와 읽기에 대한 나의 견해는. 읽기는 즐겁고 쓰기는 고통이다. 읽기가 산보라면 쓰기는 산행이다. 읽기가 만들어 놓은 옷을 사서 입는 것처럼 간편한 것이라면, 쓰기는 천을 떠서 가위질하고 마름질해서 직접 만들어 가는 힘든 과정이다. 물론 읽기와 쓰기가 내 '생존의 양식'은 아니다. 내 생존의 양식은 남편의 주머니에서 나오는 머니이겠지만, 어쩌면 이 둘은 풍선에 불어넣는 공기와 같은 존재다.

선생은 월간지 두 개와 계간지 다섯 개를 빼놓지 않고 보면서, '요즘 젊은 사람들은 이렇게 생각하고 있구나, 이런 공부를 했구나.' 하고 알게 된단다. 아직도 끊임없이 읽고 배우려는 선생의 겸허한 의지를 알 수 있다. 집으로 수필과 문예라는 비슷비슷한 이름의 수필 잡지가 여기저기서 오는 것을 보면. 나는 이 책들을 읽어야 할 당위성을 가진 사람이다. 때론 쌓아 놓기만 하고, 약간은 의무감으로 목차를 훑고 듬성듬성 읽는다. 가끔은 새로운 모색을 던져 주거나 참신한 글을 만나는 기쁨도 있다. 수필의 면면들을 보면 작가가 평소 얼마나 독서를 하고 있는지, 책을 읽지 않고 그냥 방심함으로 쓰는지 스스로를 거울처럼 보여준다. 쓰기가 읽기보다 힘든 일이긴 하지만, 분명한 것은 쓰기는 읽는 양에 의해 성숙해진다. 읽기에 충실하지 못하면, 글은 부실하고 식상할 수밖에 없다.

　기자가 물었다. "요즘 젊은 후배들은 선생처럼 많이 읽지 않는 것 같다. 못마땅하시지요."라고. "우리에게는 우리의 필연이, 그들에게는 그들의 필연이 있소. 우리는 읽는 게 양식이었지만, 요즘은 다른 양식이 있겠지. 나는 다만 내 일을 할 뿐이오."라고 선생은 답했다.

　새삼 '읽기'의 중요성에 대해 뭘 더 이야기하겠느냐. 알아서들 해라는 단호한 어조가 느껴진다. 부모가 자식에게 평생 '책 읽어라' 읊어대다가 어느 순간 싹 포기하고 말듯이. 선생도 읽을 사람은 읽고 읽지 않을 사람은 읽지 말라, 그건 각자가 살아가는 자세다 이렇게 체념하고 있다. 생각해보면 독서는 강요에 의해 되는 일이 아니다. 운동이 몸에 좋다는 걸 다 인정하지만,

평생 운동을 하지 않아도 별 문제없이 잘 사는 사람들이 많듯이 책 읽기도 그런 맥락이다. 귀찮은 의무감처럼 운동을 하다가 서서히 운동이 좋아지면서 생활의 일부가 되듯이, 책 읽기도 그렇게 길들여지는 것 같다.

선생의 유년은 집이 달랑 두 채인 마을에서 살았다. 강변 포플러 숲, 까마귀, 붕어, 메뚜기가 친구의 전부였기에 자연스럽게 호롱불 밑에서 한 권의 책을 닳도록 읽을 수밖에 없었다고 했다. 그에 비해 이 시대는 휴대폰, 컴퓨터, SNS를 통해 뭔가를 끊임없이 들여다보고 있다. 쉴 새 없이 문자를 보내고, 카톡으로 별의별 내용들이 '톡' 소리를 내며 '읽어'라는 신호를 보내온다. 정작 차분히 앉아서 책장을 넘기는 읽기는 극복해야 할 대상이 되어버렸다. 진정한 읽기는 자신과의 내밀한 시간을 통해서 얻는 안식이자 충전이며 자유다.

희수를 맞이한 선생의 모습은 꼿꼿하다. 세상을 흘깃 쳐다보는 듯한 무심한 표정의 사진은 '나는 나의 길을 갑니다'라고 말하는 듯하다. 여전히 읽고 써야 할 것이 많은 선생의 담담한 의지가 보인다.

읽기에 대한 명언들은 무수하다. '과골삼천踝骨三穿'은 다산 정약용이 강진 유배 시절 20년 동안 책상다리를 하고 앉아 책을 읽고 쓰느라 복사뼈 자리에 구멍이 세 번 뚫렸다는 소름끼치는 고사숙어다. 대장부는 모름지기 다섯 수레의 책을 읽어야 한다고 외쳤던 두보의 '남아수독오거서 男兒須讀五車書'. 책을 백번 읽으면 문리가 절로 트인다는 '독서백편의자현 讀書百遍義自見'. 과거에는 이렇게 집념어린 남자들의 무서운 책 읽기도 있었다.

하지만 '책 읽는 여자는 위험하다'라는 역설적인 의미도 있다. 여기에는 여성을 지배하던 남성들의 위험한 사고가 깔려있다. 자의식이 강하고 독립적인 여자들에 대한 남자들의 편견이 드러나 있다. 천하를 통일했던 진시황도 책 읽는 백성이 무서워 모든 책을 불태워버린 '분서갱유'가 말해주듯이. 똑똑한 사람, 자기 생각이 분명한 사람은 통제하고 지배하기 어렵다. 과거 책 읽는 여자의 상황도 이와 비슷하지 않았을까. 대체로 여자들은 책 읽는 남자를 좋아하고, 남자들은 책 읽는 여자를 좋아하지 않는다. 하지만 읽기를 좋아한다고 해서 읽어지는 일도, 싫어한다고 해서 안 읽는 일은 아니다. 그저 묵묵히 몸에 밴 습관 같은 것이다.

선생이 말한 '열 배' 읽기. 그쯤 되면 위험한 여자가 될까, 아니면 책만 읽는 미련한 여자가 될까. 그건 모름지기 해봐야 아는 일이다.

주례사 모음

*

친구의 딸 결혼식에 갔다. 신랑은 해군 대위였다. 턱시도 대신 하얀색의 해군 정복을 입고 있었다. 얼굴은 원만해 보였고 몸은 건장했다. 굳건한 표정이 군인다웠다. 주례는 해군 작전참모였다. 주례사는 절도가 있고 분명했다. 신랑은 처가에 전화를 하지 않으면서, 신부에게 시댁 식구에게 자주 전화하고 잘하기를 바라지 말라고 했다. 한마디로 주고받는 'give and take' 속에 가정의 평화가 있다는 요지였다. 인생을 새 출발하는 부하에게 작전 지시를 내리는 듯한 주례의 목소리에는 힘이 넘쳤다.

신랑은 신부를 위해 사랑의 축가를 불렀다. 부르기 전 생수를 받아 들이켰다. 하객들은 웃었다. 굳어 있는 군인의 목소리에서 애절한 사랑가가 아슬아슬 고음을 탔다. 가사를 잊은 틈틈이, 손바닥 안에 쥔 쪽지의 가사를 보았다. 하객들은 또 웃었다. 모두 웃고 있을 때 신부 아버지의 장갑 낀 손이 눈가로 갔다. 딸을 시집보내는 아버지의 마음을 누가 알까.

요즘 나는 결혼식장에 가는 일이 잦다. 신랑, 신부, 주례, 혼주, 하객들. 난 그들의 표정을 무심히 바라보는 즐거운 관찰자가 된다. 이상한 것은 그 상서로운 축복의 자리에 앉아 있으면, 알 수 없는 그윽한 슬픔이 차오르는 것은 왜일까.

*

사촌의 딸 결혼식이다. 사방에서 모인 일가친척들은 인사를 하느라 왁자지껄하다. 사촌, 육촌, 먼 고모, 조카…, 존칭의 관계들이 다 모여 있다. 그 옛날 어린 나를 기억하고 있는 아재는 "아이쿠, 니가 란이 아이가. 어렸을 적 그대로네." "숙모님, 안녕하셨습니까." 잔치의 한마당에서 끈끈한 인사와 안부가 터져 나오고 서부 경남의 억양에서 오랜만에 나의 태생과 뿌리가 확인된다. 주례는 국회의원이다. "이제 신랑 신부는 일심동체다. 검은 머리가 파뿌리가 될 때까지 부모님께 효도하고 행복하게 잘살라…."는 예의 케케묵은 축사다. 옆에 앉은 사촌언니는 "살아보니 부부는 일심동체가 아니더구만." 하고 딴청을 놓는다. 여기저기서 킥킥대며 옆구리를 찌른다. 저 주례사에 맞장을 뜨고 싶은 마음. 평생 그 말을 진리처럼 믿고 살았는데, 살아보니까 그게 아니더라는 항의성 발언을 하고 싶은 것이다. 몸도 따로 마음도 따로 성격도 따로 주머니도 따로따로…. 모든 게 이심이체였다는 깨달음에 도달하는 게 부부였다고. 뭔가 전율이 흐르는 공감이다.

 염색한 머리가 반질거리는 저 주례 선생님은 과연 일심동체로 살고 있을까?

  *

 친구의 아들 결혼식에 갔다. 이른 아침 출발하여 긴 여행처럼 다녀온 결혼식. 정작 결혼식은 짧게 끝났다. 간단한 주례사마저 없었다. 주례 대신 양가 부모가 하객들에게 인사말을 올린다. "곱게 키운 딸을 며느리로 주셔서 감사하다"는 시어머니의 마음과 멀리서 참석한 하객들에게도 감사의 말을 전한다. 다음 신부가 마이크를 쥔다. 인생에서 가장 아름다운 이 순간, 과연 무슨 말을 할까? 하객들은 귀가 쫑긋 신부에게 집중한다. "우리의 만남은 운명이었습니다." 그 침착하고 단호한 말에 숨이 멎는다. 난 아직도 '나의 짝이 나의 운명이었다'라고 확고하게 말해본 적이 없다. '운명'이라는 말은 아주 나중에 하는 말, 아주 조심스러운 말인 줄 알았다. 그 당찬 말은 어떤 구구절절한 주례사보다 인상적이었다. 내 인생은 내가 책임진다는 저 결의는 한평생 살아가는 데 흔들리지 않겠다는 신념이다. 그리고 "의리로 살겠다."라고 덧붙인다. '의리'라니! 동등하게 살겠다고 은연중 공개 메시지를 던지는 것이다. 저 매력적인 오월의 신부! 바야흐로 주례의 말발이 서지 않는 시대다.

*

딸의 친구 결혼식이다. 한 아파트에서 같이 초등을 다니면서 자란 딸의 절친. 천진난만하던 어린 시절부터 사춘기를 거쳐 대학생에 이르기까지 예쁘고 반듯하게 자란 아이가 오늘 신부로 서 있다. 돌아보면 그 세월이 참 잠시였다. 신부 아버지 친구가 주례로 섰다. "며칠 전 신부 아버지와 술 한잔했는데, '마~ 쓸데없는 이야기하지 말고 오 분 안으로 간단히 해라'는 신부 아버지의 지시가 있었다."라며 주례사를 시작한다. 오늘의 주인공에게 당부하는 사항은 첫째, 남과 비교하지 말라. 둘째, 상대방의 자존심을 상하게 하지 말라. 셋째, 말을 조심히 해라. 간단명료한 주례 내용은 그가 변호사임을 확인시켰다. 평생 직업적으로 터득한 그 나름대로의 진리를 오늘 부부가 되는 이들에게 법조항처럼 새겨주고 싶은 마음이었나 보다. '상처'가 부부 분쟁의 주범이라는 말씀? 그 말이 짠~하게 와 닿는 걸 보면, 나도 많은 상처를 주고, 받고 살았던 것 같다. 인생의 뒤안길에서 저 주례사를 듣는 심정과 꽃 같은 저 신부에게 들리는 의미는 다르다. 살아봐야 저 식상한 말씀이 의미심장하게 들리는 나이가 있다. 내가 신부이던 그날 주례사는 뭐였지? 까마득하다.

혼자 먹는 국밥

 벌떡 일어났다. 살짝 느끼는 시장기에 이 재빠른 몸의 응답은 거의 무의식적으로 일어난 것이다. 읽고 있었던 책에 대한 예의는 아니었지만. 책보다는 배고픔이 인간의 일차적인 욕구라는 걸 실감하면서, 냉장고 문을 열었다. 뭐 먹을 게 없을까, 하는 생각이 드는 순간 냉장고 문짝을 확 열어젖히고 머리를 디미는 이 습관은 언제부터였을까. 아이가 엄마에게 먹을 것을 보채듯 나에게도 그런 투정 비슷한 것이 담겨 있었다.
 냉장고는 썰렁했다. 멸치 국물과 먹다 남은 김치가 종지에 반쯤 남아 있었다. 살짝 동한 식욕이 사늘하게 식어갈 순간, 번쩍

'김치국밥'이 떠올랐다. 요기를 해결하기에는 적당한 안성맞춤의 재료였다. 다시물을 낼 번거로운 시간도, 김치를 새로 꺼낼 수고도 필요 없었다. 다행히 밥통에는 빨리 해결해야 할 식은밥까지 있었다. 더할 나위 없는 삼위일체.

창밖은 나뭇가지가 휘어지고 윙윙거리는 바람 소리가 심란했다. 날씨마저 국밥 먹기에 딱 좋았다. 냄비에 멸치 국물을 붓고 김치를 넣어 먼저 끓였다. 김치와 멸치 국물이 섞이면서 훈훈한 냄새가 풀릴 때 한 주걱 밥을 넣었다. 밥알이 투명하게 퍼질 때를 기다리며 냉동실의 떡국도 한 줌 들어내고, 달걀도 하나 풀어놓고, 김도 살짝 구워두었다. 뚜껑 사이로 술술 김이 새어나오자 절로 군침이 넘어갔다. 꼴깍~. 군침은 먹기 전의 설렘, 몸의 반응이다. 뭔가를 기대하고 있다는 본능의 소리다. 비벼진 김과 계란이 투하된 냄비에 숟가락을 찔러 넣고 볕이 있는 창가로 갔다. 창가의 햇살과 몇 숟가락의 김칫국이 목구멍을 넘어 뱃속에 이르자 마치 전류가 흐르듯 온기가 쫙 퍼졌다. 시원했다. 온기와 시원함. 이 두 모순이 온몸을 나풀나풀 풀어지게 했다.

숟가락을 놓을 즈음 콧등으로 살짝 솟아난 땀과 후끈한 느낌이 제대로 먹었다는 포만감을 안겨주었다. 혼자 먹어도 즐거웠다. 국밥은 같이 먹어야 한다는 지금까지의 나의 고집이 엉뚱해 보였다. 홍차에 적신 마들렌 과자를 먹으면서, 그 맛에서 유년의 기억을 떠올리며 《잃어버린 시간을 찾아서》를 썼던 프루스트처럼. 국밥은 나에게 어린 시절을 떠올리게 했다. 겨울방학이면 자주 끓여주셨던 엄마의 김치국밥. 형제들이 두레상에 둘러앉아 머리통을 맞대고 비지땀을 흘리며 먹던 그 풍경은 다분히 '꿀꿀이죽'을 먹는 형제처럼 보일지라도, 그것은 내가 간직하고 있는 국밥의 '원형'처럼 남아있다. 형제들을 만나면, "요즘도 국밥 좋아해?" 하면, "응." 하는 소리와 함께 서로 웃음이 터져나오는 그 아련한 공감은 늘 국밥 안에 끓고 있다.

　남편은 국과 밥을 따로따로 먹는다. 국에 밥을 말아 머슴같이 먹는 먹성을 한 번도 보여준 적이 없다. 언제나 따로 국밥으로 얌전히 먹는다. 내 유년의 국밥과 그쪽 집안에서 먹었던 국밥 이야기가 섞여야 우리 집 국밥이 탄생하는데, 그럴 기회가 없었다. 가끔 국밥이 먹고 싶어 의향을 물으면, 예전 시어머님이 잘 끓여주셨다는 시원한 복국 이야기를 들먹이면서 은근히 사양하는 눈치였다. 복국과 국밥이 어떻게 같이 거론될 수 있는지, 맥이 풀려 그 후론 국밥을 끓일 일이 없었다. 이 소박한 음식을 그런 공감대 없이 혼자 끓여서 혼자 먹는다는 게 왠지 초라

해 보였다. 아, 그런데 오늘 살짝 혼자 끓여먹은 국밥에는 누군가와 같이, 푸짐하게, 오순도순 먹어야 한다는 그런 편견을 풀어주었다. 나름 진수와 진미가 있었다. 탈탈 긁어먹어 텅 빈 냄비를 약간 아쉬운 듯 내려다보는 미련에는 나름 충만과 위안이 함께했다.

'솔 푸드soul food'라는 이 거창한 말은 별게 아니었다. 이렇게 몸을 훈훈하게 하고 영혼을 살짝 건드리는 그 무엇과 조응하는 것. 솔 푸드의 정체는 그런 것이 아닐까.

황산黃山 몽환기

황산은 운무의 수작酬酌이다. 신의 수작秀作이다. 구름과 안개가 아니면 황산의 위용을 느낄 수 없다. 또한 운무 때문에 깎아지른 바위의 세상을 볼 수 없다. 황산은 그 모순과 조화의 산이다. 운해로 황산이 사라져버리고, 운해가 사라지면서 황산은 다시 살아난다. 이들이 주고받는 천변만화한 놀이가 그저 경이로울 뿐이다.

황산은 신기루다. 분명 보았지만 무엇을 보았는지 말할 수 없다. 끊임없이 변화하고 움직이는 운해로 황산은 아득한 섬이 되었다가, 때론 장엄한 신기루가 되었다.

황산은 신비로운 산이다. 하늘을 찌를 듯 솟아있는 기암괴석은 감히 오를 수 없는 바라만 보아야 하는 산이다. 아니, 황산은 움직이는 산이다. 눈 깜짝할 사이에 다가와서는 '봤니' 하고 유유히 사라지는 산. 그런 환상으로 다가왔다가 다시 보면 제자리에 우뚝 서 있다. 그러다 운무라는 놈이 나타나면 쏜살같이 자취를 감추어버리고 만다. 운무와 숨바꼭질하며 늘 새롭게 태어나는 산! 운무가 있어 산은 부드럽고 외롭지 않다. 또한 소나무는 기암 틈틈이 뿌리를 내리고 있다. 운무와 소나무. 이 둘과 동고동락하는 황산은 거대한 수묵화다.

  볼수록 운무는 기이하다. 그야말로 안개처럼 와서 안개처럼 사라진다. 하지만 그냥 사라지지 않는다. 얼음처럼 투명하고 솜처럼 부드러운 운해는 늘 산을 감싸고 있다. 어느 순간은 기암의 머리만 보여주고, 어느 찰나는 몸통만 뭉텅 솟아나게 한다. 한순간에 기암절벽들을 병풍처럼 도열시킨다. 자연의 파노라마다. 운무에 의해 끊임없이 배태되고 용해되어 버리는 산. 그 여린 안개에 들썩이는 태산을 보노라면, 과연 무엇이 강하고 무엇이 약한지 말할 수 없다. 기암은 남성이고 운무는 여성일까.

  가서 보라. 몇 만 년을 두고 황산의 기암과 운무가 펼치고 있는 수작을. 순간순간 무질서와 혼란스러움이 주는 그 변화무쌍함을. 바위에 한자리 틀고 앉아 그들을 보노라면 신선이 따로 없다.

황산을 가보라.

【작품론】

허영을 넘어 관조로

신 재 기

(문학평론가)

　박영란의 《자기 서술법》은 올해 처음 실시한 '수필미학문학상 선집 부문'에 당선된 작품집이다. 이번 응모 규정에서 작품 수를 40편으로 제한했기에 작가는 자신의 기존 발표 작품(단행본 수필집에 수록된 것) 중에서 일부를 선정할 수밖에 없었을 것이다. 그가 어떤 기준에서 선정했는지는 알 수 없으나 당연히 작가 나름대로는 가장 가음에 차는 작품을 우선순으로 낙점했으리라. 수치로 본다면 4편 중 1편을 고른 셈이다. 제외해야 할 작품이 훨씬 많았다는 점을 감안하면, 그 낙점은 엄선이 분명했으리라. 그러기에 이 선집에 수록된 작품에는 박영란 수필가가 그동안 축적한 문학적 역량과 개성이

고스란히 배었을 것으로 생각한다. 반대로 수필 문학의 보편성을 염두에 두고 자신만의 특이함을 묻어두거나 유보했을 수도 있다. 한 작가의 고유한 사유와 스타일도 타자(한국현대수필의 보편성)와 관계맺기에서 만들어진다. 즉 타자가 보내오는 신호나 영향에 의해 개인의 문학적 고유성이 성립한다. 이런 점에서 한 작가의 문학적 개성은 타자와의 공유와 차이를 넘나드는 경계 지점에서 생성된다고 하겠다. 박영란의 수필에 대한 검토도 이런 관점에서 첫걸음을 떼고자 한다.

1. 응시와 관조

문학은 작가가 독자에게 말걸기 형식이다. 이 말걸기에서 작가는 대리인으로 화자를 내세우기도 하고 본인이 직접 나서기도 한다. 말의 내용이나 의미가 작가 자신에 관한 것이든 작가 밖의 객관적 대상에 관한 것이든 말걸기를 통해 작가는 자신의 생각과 느낌을 독자와 공유하고자 한다. 그런데 문학의 말걸기는 작가와 독자가 같은 시공간에서 마주보고 이루어지는 구술 연행이 아니다. 양자의 만남은 독자의 독서 과정에서 텍스트를 매개로 하기 때문에 간접적으로 이루어진다. 독자는 실재하지만 작가는 텍스트 뒤에 물러나 있다. 즉 작가는 뒤로 물러앉고 말을 거는 사람은 화자다. 화자는 작가와 동일인일 수도 있고 아닐 수도 있다. 수필의 경우는 대체로 작가와 화자가 일치하지만, 허구 체계로서 문학에는 대체로 작가와 화자가 분리되어 있다. 어느 경우든 독자를 향한 화자의 말걸기는 두 가지 유형으로 나눠진다. 즉 지시체가 무엇이고 어떤지를 직접 진술하는 것이 첫 번째고, 직접적 진술은 뒤로 하고 지시체의 구체성을 보여주는 것이 두 번째다. 문학이론에서는 이를 '말하기'와 '보여주기'라는 개념으로 설명한다.

  박영란 수필 쓰기는 어떠한가. 보여주기 쪽이다. 그런 경향이 두렷하다. 창작과 글쓰기에 적용되는 말하기와 보여주기 방법의 구별은 직관적인 것이어서 그 경계선을 명확하게 긋기 어렵다. 특히 한 작가의 다양한 작품을 모아놓은 작품집의 경우에는 두 방법이 교차할 수밖에 없다. 단지 전반적인 경향이 어느 한쪽으로 쏠린다는 판단만이 가능할 뿐이다. 박영란의 경우는 '보여주기' 쪽으로의 쏠림 현상이 확연하게 드러난다. '보여주기'는 박영란 수필 쓰기의 방법이고 형식이다. 이것이 의도된 것인지 단순한 개인적 성향인지는 알 수 없으나 그의 수필에 대한 본고의 이해는 '보여주기' 창작방법에 초점을 맞추었다.

  〈문門〉은 박영란의 '보여주기' 방법을 극명하게 드러내는 작품이다. '문'과 관련성이 있는 독립된 여섯 개의 화소를 병렬로 배치한 작품이다. 그 마지막 단락은 이렇다.

비밀과 보안을 철통같이 하는 연구소다. 그곳을 드나드는 직원과 외부인은 비밀번호, 지문 인식, 얼굴, 걸음걸이를 확인하는 몇 번의 절차를 걸친다. 하지만 그곳을 청소하는 아줌마는 열쇠로 뒷문을 찰칵 연다. 청소를 마친 다음에는 건물 틈새에 열쇠를 끼어두고는 유유히 사라진다. 잊히지 않는 단편영화의 한 장면이다.

비밀과 보안이 철저한 연구소 출입문을, 그곳의 아웃사이드인 청소하는 아줌마가 별다른 절차 없이 쉽게 열고 닫는다는 이야기다. 이야기가 전개되는 동안 화자, 즉 작가의 목소리는 전혀 들리지 않는다. 화자는 단지 텍스트 뒤로 물러나 지시체인 대상을 독자 앞에 제시할 뿐이다. 따라서 작가의 의도된 주제는 암시될 수밖에 없다. 텍스트의 주제나 의미를 규정하는 일은 오직 독자의 몫이다. 당연히 작가는 어떤 의미를 전달하려거나 설명하지 않고, 보이는 대로 혹은 있는 그대로 묘사한다. 이는 '보여주기'의 전형적인 방법이다. 더욱이 전체를 구성하는 각각의 화소는 독립적이다. 여기서 독자가 하나의 통일된 의미를 추출해내려면 상상력과 사고력을 동원해야 한다. 그 수고스러움이 만만찮다. 독자의 텍스트 수용은 각 단락의 의미 파악에서 시작하여 6개의 단락을 하나의 전체로 재구성하고 추상화하는 단계로 이어져야 한다. 작가가 뒤로 물러난 거리만큼 독자는 텍스트에 바짝 다가가야 한다. 그래야 함축과 암시의 장막을 뚫고 작품의 중심에 이를 수 있다.

'보여주기'로 요약되는 박영란의 창작방법은 그의 작품 전체를 관통하는 하나의 경향이고 형식이라면, 이것이 그의 수필 세계를 구축하는 데 어떻게 작동하는가. 바로 '응시'와 '관조'라는 물성이 다른 두 가지 힘의 충돌과 조화로 나타난다. 보여주기 위해서는 대상에 가까이 다가가 존재의 닫힌 문을 열어야 한다. 열어야 할 대상은 홀로 덩그렇게 놓인 것이 아니라 다양한 맥락이나 배경과의 관계로 존재한다. 여기다가 맥락이나 배경은 공간에 가시적으로 드러나는 것이 전부가 아니다. 지시체로서 대상을 독자에게 선명하게 제시하려면 현존을 지탱하는 공간 너머 근원적인 원소에까지 주체의 시선이 미쳐야 한다. 이것이 '응시'다. 그런데 응시는 보이지 않는 본질과 근원을 찾아나서는 힘든 여정이기에 많은 에너지가 필요하다. 결국 응시는 언어 확장의 길을 갈 수밖에 없다.

이들은 결코 누추하지도 병들지도 않았다. 하지만 사람들은 떠나고 집들은 서서히 비어졌다. 사람이 살지 않는 빈집의 문은 동아줄로 묶이고 문짝과 유리창이 먼저 떨어져 나갔다. 집안의 집기들은 뜯기고 망가진 채 뒤죽박죽이 되어버렸다. 의자의 다리는 뽑히고 항아리는 깨어지고, 어느 집 빨랫줄에서는 걷어가지 않은 러닝셔츠가 삭은 채 바람에 날리고 있었다.

- 〈공가空家〉에서

대상에 가까이 다가가는 과정, 즉 응시에서는 섬세한 관찰이 필요하고, 관찰은 많은 언어 소비로 이어진다. 박영란의 수필에서 자주 만나는 이러한 섬세한 터치나 묘사는 응시의 일환이다.

그런데 세밀한 제시만이 대상을 잘 드러내는 것은 아니다. 응시는 고정된 시선이다. 한곳에 집중하므로 편향적인 애착으로 변질하기 쉽다. 애착은 고집과 환상을 불러온다. 대상의 잘 드러나지 않는 본질에 다가가는 과정에서 응시는 고집이나 환상과 결탁하여 오히려 실체를 왜곡할 수 있다. 대상을 주관적인 서정으로 덮어버리거나 개성을 앞세운 과도한 해석이 바로 이런 경우다. 이처럼 응시의 넘치는 언어 사용이 본질을 흐리게 할 수 있으므로 주체는 대상에 관한 지각과 사유를 최소화하고 몇 발 뒤로 물러나 언어를 아낄 필요가 있다. 이 지점에서 '관조'가 요청된다.

관조는 "실용적인 의도로부터의 일정한 거리를 유지하면서 사물이 나타나는 그대로를 보는 것"(김우창 《깊은 마음의 생태학》, 김영사, 2014, 260-261쪽.)이다. "미학적인 콘텍스트에서 말해본다면, 어떤 관자가 어떤 대상들을 (대상물로 구조적 양태, 대상물의 물질로서의 본질, 활용 가능성, 쓸모 따위가 아니라) 오직 그 대상물의 미적 양태에서만 바라볼 때, 이 봄seeing을 관조"(우석영, 《낱말의 우주》, 궁리, 2011, 742쪽.)라 한다. 관조라는 개념의 핵심은 보는 자와 그 대상과의 일정한 거리다. 이는 대상을 있는 그대로 재현하기 위한 객관적 인식의 거리보다는 실용적 의도나 목적성을 배제하고 대상을 순수하게

(혹은 미적으로) 보는 심미적 거리다.

　박영란 수필이 응시에서 관조로 발전했다는 점은 무엇을 말하는가. 주체가 대상과 적절한 거리를 유지한다는 뜻인데, 이는 작가가 앞장서서 삶과 현실의 의미를 적극적으로 구성하고 심지어는 이를 윤리적인 규율로 전환하여 독자를 가르치려고 하지 않는다는 말이다. 바라봄의 궁극적인 목표는 그것이 지니는 의미와 가치를 찾아내는 것이 아니라 그 자체를 즐기는 것이다. 수필은 개인적 경험을 토대로 존재와 삶을 성찰하고 가치를 새롭게 창출하는 글쓰기다. 여기에서 해석과 가치판단, 즉 의미 부여는 필수적인데 이를 떠나서 수필은 제대로 된 모습을 구축할 수 있을까. 물론 전적으로 해석과 가치판단을 피해갈 수 없다. 하지만 수필도 설명하거나 해석하지 않고 독자에게 보여주는 것만으로도 그 이상의 의미를 창조한다면, 이런 방법이 더 바람직하다. 이것이 문학 본래의 길이고 방법이기 때문이다.

　그런데 설명하거나 말하지 않고 더 많은 뜻을 생산하는 길은 관조로만 불가능하다. 그 대안은 무엇인가? 문학의 의미 생산은 작가의 전유물이 아니다. 문학작품의 의미는 궁극적으로 독자가 텍스트를 수용하는 순간에 생성된다. 작가가 다양한 의미를 함축하는 텍스트를 구성하는 데는 한계가 있으나 모든 독자는 각자 자기만의 의미를 찾아내므로 그 의미 확장에 끝이 없다. 의미 생산의 책임과 권력을 독자한테 넘겨주는 것이 최선이다. 작가가 지향해야 할 것은 말을 아끼고 함축적으로 사용하는 일이다. 이것이 박영란 수필이 선택한 관조적 태도의 전후 맥락이다.

박영란 수필에서 언어의 절약과 함축은, 특히 작품 말미에서 두드러진다. 의미 부여를 위한 설명과 해석을 피하고 여운을 남기는 장면 제시, 상황과 관련된 화자의 함축적 서술 등으로 간결하게 끝을 짓는다. 작품 〈Y 여사 시리즈〉는 "Y 여사 잠꼬대에 놀란 남편, 정곡을 찌른다. 뭘 하긴 빨리 일어나 밥 줘."로, 〈바람이 데려다 주리〉의 마지막 단락은 "영화가 따로 없다. 우리의 삶도 바람이 데려다주는 한편의 영화이다."로, 〈네가 하면 나도 하고 싶다〉에서는 "바야흐로 요즘은 통 큰 바지를 입은 여인들이 거리를 활보하고 있다."로 아주 단출하게 끝맺는다. 이 지점에서 작가는 조금도 주저하지 않는다. 단호하기까지 한다.

'보여주기'가 문학 본연의 방법이라고 말을 하거나 관념으로는 이해하지만, 이를 뚜렷하게 실현한 수필가는 그리 흔치 않다. 이런 점에서 박영란의 수필 쓰기가 그만큼 개성적이다. 하지만 보여주기는 하나의 방법에 지나지 않는다. 이 자체만으로 박영란 수필 쓰기가 어떤 특별한 의의를 지닌다고 보기는 어렵다.

이 응시의 시간이 나만의 사랑이다. 나만의 유희다. 번거로운 일상과 휙휙 사라져 가는 시간 속에서 잠시 자신을 붙들어 놓는 한가함. 거기에는 아무런 목적 없이 바라보는 무심한 즐거움이 있다. 대상이 주는 몰입의 즐거움 같은.

― 〈마음이 머무는 것〉에서

이 글은 집안 한구석에 놓인 오래된 가구를 응시하는 자신의 심정을 술회한다. 이는 박영란 수필의 지향과 방법을 함축적으로 말해주는 대목이다. 박영란 수필의 지향점은 "아무런 목적 없이 바라보는 무심한 즐거움"이다. 그는 대상과 사물을 자신의 관점에서 규정하지 않는다. 있는 그대로를 존중하고, 응시하고 그 가운데 즐기는 것이다. 대상을 새로운 이름이나 개념으로 재단하는 것은 노동에서와 같이 수고가 따른다. 그것을 이용하려는 목적을 버리고 그냥 응시하면 무한한 즐거움이 수반된다. 이는 대상에 대한 애착이나 집착의 끈을 자르는 것과 다르지 않다. 또한 이는 언어를 버리거나 묻어두는 방법이다. 분석이나 해설의 언어가 증가할수록 궁해 보인다는 점을 작가는 알고 있는 듯하다. 이것이 박영란 수필의 매력이고 정체성이 아니겠는가?

2. 병렬적 형식과 역동적 문체

한 작가의 문학세계를 구축하는 원동력은 그만이 가진 특별한 이념이나 세계관이라고 생각하기가 쉽다. 예술이나 문학을 평가할 때 우리는 대체로 그것이 무엇을 말하고 있는가에 주목하는 데 익숙하기 때문이다. 물론 이런 측면도 부분적으로 승인된다. 하지만 작품에 드러나는 내용과 주제는 그 너머에 존재하는 '어떻게 말하는가'라는 그만의 고유한 형식 없이는 구체화되기 어렵다. 사유와 이념은 일관된 형식에 의해 드러나므로 형식이 곧 사상이고 내용이다. 내용보다 형식이 중요하다는 형식 우위론을 펴는 것이 아니다. 작가와 예술가가 훌륭한 창조자가 될 수 있는 것은 인간 삶의 다양한 진실을 말하기 때문이 아니라, 인간 존재와 세계를 담아내는 새로운 그릇을 만들어내기 때문이다. 그런데 대부분은 자신의 생각과 느낌을 남으로부터 빌려온 그릇에 담는 데 그치고 만다. 자기만의 그릇, 형식을 가진 작가는 흔치 않다. 치열하게 예술혼을 불태우는 작가는 존재와 세계를 담아내는 자기만의 형식과 스타일을 주조하는 일에 집중한다. 이런 점에서 형식은 작품의 내용이면서 방법이고 전략이다. 한 작가의 고유한 특징도 이러한 형식에서 발원한다.

현재 한국수필이 직면한 최대의 약점은 형식의 자유로움을 입에 올리면서도 개성적이고 새로운 형식 만들기에 적극성을 보이지 않는다는 점이다. 자신이 사용하는 그릇이 자기 것이 아니며, 그것도 낡고 묵었다는 점을 인식조차 못 하고 있다. 역동적인 수필가일수록 자기에게 맞는 형식을 찾아 만들기에 고심할 수밖에 없다. 박영란이 수필가로서 자기의 영역을 확립했다고 평가한다면, 그 근거는 바로 이러한 형식 찾기에 성공했다는 점일 것이다. 물론 형식은 장르 자체의 고정된 규율에 바탕을 둔다. 아무리 새로운 형식 찾기에 고심한 작가라고 하더라도 이미 굳어진 수필의 장르적 문법에서 완전히 벗어날 수 없다. 만약에 벗어난다면 그것은 수필 쓰기가 아니다. 너무나 잘 알려진, 그리고 수많은 수필가가 시행했던 형식과 방법은 여전히 유용하다. 중요한 것은 이러한 보편적이고 일반적인 장르적 문법에서 작가의 개별적 시도와 기획이 얼마나 원심력을 발휘해서 개성을 드러내느냐의 문제이다. 한 작가의 예술적 독창성은 굳어진 기존의 형식을 해체한 자리에 새로운 왕국을 세우는 것이 아니라, 익숙하고 관습화된 형식에 변화를 도모함으로써 새로운 가능성을 보여주는 것이다. 굳어진 형식에 안주하는 작가가 문단을 메우고 있는 현실에서 변화를 시도하는 작가가 높이 평가되는 것은 당연하다.

그렇다면 수필가 박영란이 찾아낸 그만의 수필 쓰기 형식이란 어떤 것인가. 몇몇의 대표 작품에 대한 분석을 통해 그 실상을 살펴본다. 우선 〈먹는다〉라는 작품을 읽어 보자. 이 작품은 여섯 단락으로 짜여 있다. 1단락에서는 '먹는다'라는 말이 두루 사용되고 있음을 언급한다. 글의 서두에 해당한다. 2~5단락에서는 '먹는다'라는 갈로 표현되는 행위를 나열한다. 먹이를 섭취하는 동물적 먹기, 무엇을 작정하는 마음먹기, 세월의 흐름에 따른 나이 먹기, 더위 먹기가 그것이다. 마지막 단락에서는 기억하지 못하는 잊어먹기가 점점 중독성 내지는 습관화되는 것처럼 모든 먹기는 "우리 의식이나 몸에 한 겹 더해지는 느낌이다."라고 끝맺음한다. 글의 마무리 부분으로 보기에는 충분치 못하기는 하다. 어쨌든 이 글은 처음 - 중간 - 끝이라는 익숙한 구성을 보여준다. 이런 구성은 작품 전체의 논리적 연결을 중시한다. 각 부분이 전체 통일성 확립에 기여하도록 관계의 밀착성을 염두에 둔 것 같다. 한편으로는 한 줄 띄우기 단락 구분을 통해 그 경계를 명확하게 구분짓고 있으나 그 의도만큼 독립성을 얻지는 못했다. 병렬구성의 효과를 제대로 살리지 못하고 근사 항목의 나열로 끝난 듯한 느낌을 준다. 하지만 작가는 각 단락의 독립성을 전제했던 것은 분명하다.

〈문〉은 병렬구성의 전형적인 형식을 취한 작품이다. 전체 6단락은 각자 뚜렷한 독자성을 보여준다. 전체를 하나로 엮어주는 고리는 단지 '문'이라는 제목 하나뿐이다. 각 단락의 순서를 바꾸어도 전혀 문제가 생기지 않는다. 그만큼 각 단락은 독립성이 강하다. 거기다가 화자의 설명적 진술이나 해석을 배제하고 완벽하게 보여주기 방법을 실현한다. 작가의 의도와 메시지는 텍스트 배면에 숨어 그 어떤 단서도 제공하지 않는다. 독자의 텍스트 수용이 의미 무정부 상태나 가치 허무주의에 빠질 지경이다. 투여된 언어의 물질성만 부각되고 의미의 움직임은 감지되지 않는다. 보여주기와 병렬구성이 결합함으로써 양자는 모두 그 효과를 극대화하고 있다. 작품 〈두려움〉의 형식과 방법도 마찬가지다. 각 단락 단위로 소제목을 붙이고 있다는 점만 다를 뿐, 작품 〈문〉의 형식과 대동소이하다. 이질적인 화소를 병렬적으로 구성하는 형식을 취하는 작품은 박영란의 이번 선집에 상당수를 차지한다. 〈땀 좀 흘려봐〉, 〈Y 여사 시리즈〉, 〈어떤 교집합〉, 〈주례사 모음〉도 같은 범주의 작품에 해당한다. 그 형식은 다분히 의도적이고 실험적이다. 전체에서 이런 형식의 작품 수가 큰 비중을 차지하는 것은 아니나 그 형식적 변화가 주는 의의는 가볍지 않다.

 박영란의 병렬적 구성이나 혹은 하이브리드식 글쓰기는 그의 모든 작품을 관통하는 보편적 형식은 아니지만, 그 기저에 흐르는 문학정신은 이러한 형식적 특성과 무관하지 않다. 관념적인 메시지 전글보다는 구체적인 사물과 상황 제시를 통한 감성적 공감을 유도한다는 점이 그것이다. 주체가 개입하여 대상을 규정하거나 해석하지 않으려는 겸손함과 신중함이 이러한 형식을 시도하도록 했을 것이다. 그의 글쓰기가 이성과 논리를 앞세운 분석보다는 감성을 바탕으로 대상과의 공감에 무게를 두는 것도 같은 맥락이라고 할 수 있다. 타인의 고통에 관심을 보이고, 현실의 무게나 부조리한 틈새를 놓치지 않고 포착하는 그의 감각적 촉수가 작품 곳곳에 드러난다. 재개발 공사가 진행되는 현장을 두고 "가림막 안에서 동네가 무너지고 있다. (중략) '재개발'이라는 미명이 나에게는 이상한 통증으로 다가온다."(〈공가〉)라고 말한다. 노트르담 대성당이 불길에 휩싸인 장면을 보는 순간 "나도 모르게 고통스러웠다."(〈대성당〉)라고 한다. 박영란 수필에서는 섬세하고 따뜻한 감성에서 촉발되는 이러한 언어들을 자주 대면하게 된다.

　형식이 작품 전체의 미학적 완성도를 높이기 위한 작가의 전략적이고 의도적인 틀이라고 한다면, 언어가 문장으로 드러나고 이어지도록 하는작가의 무의식적 경향성이 스타일이다. 스토리 전개와 플롯이 형식이라면, 스타일은 "재료를 다루는 기교와 기술"(장석주, 《글쓰기는 스타일이다》, 중앙books, 2015, 192쪽.)이다. 스타일은 "한 작품의 개별성을 인식하게 이끄는 표지標識이자, 작품을 각인하게 만드는 기억 장치이다. 그렇기 때문에 스타일이 강렬한 예술작품이 사람을 매혹시키고, 기억에 오래 남는 것이 좋은 스타일이다"(같은책, 193쪽). 한 작가의 개성적인 무늬는 형식보다 스타일의 특이성에 의해 결정된다. 오래 기억되고 마음에 새겨지기 위해서는 특이해야 하는데, 남과 다른 그 특이함이 작가의 스타일이라는 말이다. 그런데 한 작가의 스타일과 가장 밀착된 것이 바로 문체다. 어느 작가든 자기 스타일을 가질 수 있으나 뚜렷하고 독특한 스타일을 가진 작가는 그리 많지 않다.

　박영란은 개성적인 스타일을 가진 수필가다. 그는 다양한 시도 가운데에서 자기만의 스타일, 즉 문체를 보여준다. 그의 문체가 지니는 특징을 한마디로 정리하면 역동적이다. 일상의 짧은 대화체 문장, 대화체를 응용한 자기 자신에게 말걸기, 빈번한 도치법, 서술어가 생략된 명사형 종지법, 의문형의 반복, 관련어 열거, 생략법, 인용과 강조를 위한 잦은 문장 부호 사용 등 그의 문체는 다양하게 변화의 모습을 보여준다. 생생한 현장감을 극대화한다. 그만의 글쓰기 스타일을 이루는 문체가 처음에는 다소 낯설게 다가오지만, 읽기가 지속될수록 경쾌한 흐름을 따라 독자를 유쾌하게 하는 매력을 발산한다. 물론 박영란 수필의 이러한 형식과 스타일은 '보여주기' 기법에 그 토대를 두고 있음은 두말할 필요가 없다.

3. 허영을 넘어

박영란은 우리 수필의 전통적 형식을 해체하고 그 위에 새 왕국을 건설하려는 작가는 아니다. 일상 경험의 다양한 조각을 소재로 삼아 인간 삶의 무늬를 탐색한다는 점에서 다른 수필과 별반 다를 바 없다. 하지만 그의 수필이 인간 존재와 세계에 다가가는 방법이나 거기서 찾아낸 의미는 기존 수필과는 차이를 보인다. 그 차이는 독자나 비평가의 촉수가 예민하게 작동되지 않고는 쉽게 포착되지 않는다.

수필은 수필가의 개인적인 경험에서 출발하는 문학이다. 수필가는 자기 삶의 경험을 정리하여 구체화하고 그런 작업을 통해 인간 존재와 삶의 보편성에 대해 자신의 사유와 관점을 드러낸다. 사소한 일상을 토대로 하기 때문에 공적 담론의 보편성과는 태생적으로 거리를 보이기도 한다. 작가가 자신에 관해 말한다는 점은 수필문학을 규정하는 제일적 요소이다. 자신의 개인적 경험을 의미 있는 미적 완결체로 구성해야 하는 수필 쓰기는 창작 과정에서 자기 경험의 사실성을 잘 갈무리해야 한다. 즉 허구적 전환이 허용되지 않는다. 그래서 수필의 콘텐츠는 작가 개인의 프라이버시와 직결된다. 수필에서 자기 이야기를 하는 작가는 개인의 고백적 진술에서 다양한 포즈를 취할 수밖에 없다. 솔직한 자기 고백은 수필의 기본 방법이지만, 내면의 진실을 보여주면서 동시에 은폐하기도 한다. 수필 창작의 어려움은 이런데 내재한다.

박영란의 수필은 어떠한가? 작가 자신을 드러내는 말하기인 수필에서 자아 노출은 작가와 작품에 따라 다변적이다. 그런데 비록 강도는 다를지라도 대부분의 수필에는 작가의 허영과 나르시시즘이 스며들기 마련이다. 흔히 '솔직함'을 수필의 미덕이라고 하는데, 완전한 순도의 '솔직함'은 없다. 솔직하지 않음의 강도 차이가 있을 뿐이다. 솔직하지 않음은 작가의 윤리적 문제와는 무관한 수필의 속성으로서 '허영, 나르시시즘, 페르소나' 등으로 표출된다. 이러한 허영과 나르시시즘은 생활 속에서는 허용되지 않지만, 예술세계에서는 관습적인 통념과 일반성에 저항하는 방편이 될 수도 있다. 하지만 결국 수필에서 허영은 자기 과시, 이념의 강요, 정서의 과잉 노출, 계몽과 윤리적 태도 등으로 확대하기가 쉽다. 아마 이는 현재 우리 수필이 보여주는 전형적인 모습일지도 모른다. 또한 이는 극복의 대상이기도 하다.

박영란 수필이 보여주는 차별성은 바로 수필적 '허영'을 뛰어넘었다는 점이다. 이 작품집의 표제작인 〈자기 서술법〉을 읽어보자. 이 작품에 화자는 부산의 관광 명소인 '감천문화마을'을 걷다가 간이분식점 같은 가게 유리창에 붙여진 "3월 8일부터 3월 16일까지 신혼여행 갑니다. 3월 17일부터 정 상 영 업 합니다. 죄송합니다."라는 메모를 발견한다. 이 메모에서 인간적 온기와 친절한 인정을 느끼며, 이렇게 메모를 남긴 주인공은 "스스로의 감정을 잘 읽어 내는 솔직한 유형"일 것이고, "언어의 장벽을 치지 않는 사람"일 것이라고 생각한다. 창문에 붙은 메모에서 따뜻한 마음을 읽은 화자는 그 시선을 '감천문화마을' 전체로 옮겨 이렇게 묘사한다.

골목으로 이어지는 좁은 길에는 우리의 기억을 자극하는 것들이 남아 있다. 이끼 낀 담벼락 위로 낡은 문패가 걸려 있고, 지붕이 맞닿아 있는 처마 아래에 연탄재가 쌓여 있다. 빨간 수침이 돌아가는 계량기와 창살에 걸린 하얀 운동화, 장독대 위에 펄럭이는 빨래, 전봇대에 뒤엉킨 전선들…, 왠지 이 정물들은 가슴 뻐근한 그리움과 삶의 서사를 읽게 한다. 과거와 현재가 공존하면서 새로운 신화가 진행되는 이곳. 무엇보다 이 동네에서 처음 맞닥뜨린 '나 신혼여행 간다'고 외치는 저 온기가 오래도록 전해지는 마을이었으면 싶다.

거기서 신혼여행 간다고 외치는 어느 가게 주인의 인간적 온기가 전해오고, 가슴 뻐근한 그리움과 삶의 서사가 배인 마을 거리를 묘사한다. 박영란의 대표작이면서 수작이라 할 만한 이 작품은 서정이 넘치는 풍경화를 연상케 한다. 또한 서민층의 곤궁한 삶과 애환을 담은 어떤 소설의 공간적 배경으로 다가오기도 한다. 이러한 공간이 주는 분위기 밑바닥에는 삶의 고단함에서 오는 짙은 정서가 전해오지만, 화자는 대상을 드러내는 데 집중할 뿐 자기 스스로는 정서적 동요를 일으키지 않는다. 눈에 들어오는 풍경을 카메라에 담으며 여러 가지 상상을 보태는 과정에서도 자신의 주관적 감정 표출을 최대한 자제한다. 작가는 카메라 줌을 통해 주체와 대상과의 거리를 조절하듯이 정서 표출의 강도를 밀고 당기면서 넘치지 않도록 통제한다. 이는 태연함으로 위장하거나 능청을 떠는 것도 아니다. 객관적 태도와 거리를 유지하려고 애써 노력하는 것도 아니다. 대상과 상황에 아주 가까이 다가가 따뜻하게 바라보는 작가만의 개성적인 시선이 선명하게 감지된다. 이는 작가의 체화된 창작방법이 자연스럽게 발동된 결과물이다. 박영란 수필은 이처럼 정서 노출과 같은 작가의 허영이 최대한 통제된 지점에 위치한다.

그의 침착한 태도는 주제가 사회적 문제나 세태로 확대되어 그것을 비판할 때도 마찬가지다. 〈공가空家〉라는 작품에서 이 점을 확인할 수 있다. 재개발 지구에 철거를 허락하지 않고 끝까지 섬처럼 버티고 있는 빈 집을 두고 작가는 "길 하나를 건너면 휘황한 세상이 펼쳐지는 도심에 너무나 엉뚱한 섬 하나로 남아 있다. 그래서 더 경이로웠다. 철책을 감고 올라가는 넝쿨을 볼 때처럼 누군가의 굳건한 용맹을 보는 것 같다."라고 한다. 도시 재개발이라는 이름을 달고 이루어지는 주택 정책이 결국 온 국가를 아파트 숲으로 만들고 있다는 점을 비판하는데, 이 비판의 목소리를 속으로 삼키면서 그것을 암시하는 구체적인 상황을 보여준다. 박영란 수필의 방법과 형식이 어떠한지를 짐작할 수 있는 대목이다.

작가의 시선이 자아 내면으로 향하는 작품에서도 침착한 태도와 관조의 거리가 유지된다. 작품 〈나를 읽었다〉의 다음 부분을 보자.

여자의 얼굴에서 뗄 수 없는 안경은 얼굴의 일부분이 되어버렸다. 검정테 안경이 얼굴을 가로질러 있지만, 이목구비는 별 무리 없이 자리를 잡고 있었다. 그 이미지가 생기발랄하지는 않았지만, 아직은 쇠락하지 않았고 편안해 보였다. 두 눈에는 아직 포기하지 못한 뭔가의 미련이 보이는 듯했다. 하지만 열정은 없어 보였다. 무심하게 웃는 표정에는 순응보다는 고집스러움이 묻어 있었다. 엄마, 아내라는 틀에서 이제는 자연인으로 회귀하려는 듯 보였다.

— 〈나를 읽었다〉에서

거울에 비친 자신을 들여다본다. 흥분하지 않고 차분하다. 거울

속을 들여다보는 주체적 자아는 거울 속에 비친 객체적 자아를 보면서 충분한 거리를 유지한다. 그것은 응시이면서 관조의 거리이기도 하다. 주체의 정서가 넘치지 않을뿐더러 객체를 통해 자신을 과장하지 않는다. 작가가 의도한 것은 아니지만, 이는 하나의 메타포로 읽히기도 한다. 즉 이 대목은 작가의 글쓰기 태도를 비유적으로 보여준다. 그의 글쓰기에는 언제나 과장된 허영과 자폐적인 나르시시즘을 제어해 주는 '거울'이란 참조점이 작동한다.

메시지를 담아내려고 힘을 주지 않기 때문에 가볍고 편하다. 그 가벼움과 편함이 재미로 다가온다. 대상에 대해서 혹은 자신에 관해서 너무 많은 말을 쏟아내는 것은 자신의 궁함을 무의식적으로 드러내는 것과 다를 바 없다. 말을 아껴 적은 말로 많은 것을 말하는 것이 작가의 능력이 아니겠는가?

대체로 박영란 수필은 밝다. 어둡고 심각한 이야기를 하면서도 분위기를 무겁게 끌고 가지 않는다. 그의 수필이 보여주는 이러한 표정은 자연스럽다. 이는 자기 허영의 부피를 줄이고 페르소나의 두께를 최소화한 결과일 것이다. 이것이 박영란 수필의 특성이고 장점이다.